退院支援、べてる式。

川村敏明
浦河赤十字病院精神神経科部長

向谷地生良
浦河べてるの家／北海道医療大学教授

医学書院

　　　　　DVD＋BOOK　退院支援、べてる式。

発行　　　2008年11月1日　第1版第1刷©

監修　　　川村敏明＋向谷地生良
発行者　　株式会社 医学書院
　　　　　代表取締役 金原 優
　　　　　〒113-8719 東京都文京区本郷1-28-23
　　　　　電話 03-3817-5600（社内案内）

装幀　　　松田行正＋加藤愛子
イラスト　中村純司
印刷・製本　アイワード

本書の複製権・翻訳権・上映権・譲渡権・公衆送信権（送信可能化権を含む）
は㈱医学書院が保有します。

ISBN978-4-260-00756-6　Y 3800

JCLS　〈㈱日本著作出版権管理システム委託出版物〉
本書の無断複写は著作権法上での例外を除き禁じられています。
複写される場合は、そのつど事前に㈱日本著作権管理システム
（電話 03-3817-5670、FAX 03-3815-8199）の許諾を得てください。

まえがき
過疎の町、浦河に咲く麗しい花

北海道医療大学教授（浦河べてるの家理事）
向谷地生良

　海外を含めて、精神保健福祉領域はもとより、文化人類学、哲学、社会学、環境、防災、建築など、じつにさまざまな分野の研究者や臨床家が「べてるの家」がある浦河を訪れるようになった。

　何が多くの関係者を惹きつけるのかを一言で語ることはむずかしいが、ある文化人類学者の言葉がおもしろい。「アマゾンに行かなければ体験できないことが、日本で体験できるところ、それが浦河の魅力」だというのである。それは「幻覚＆妄想大会」に象徴されるように、1人ひとりがかかえる幻覚や妄想が日常生活のなかに露出しながらも、一方でそれらに馴染んでいることに対することへの驚きを語った言葉である。

　浦河は、地震や津波をはじめ風水害にもたびたび見舞われる。また、先住民であるアイヌ民族の人たちも含めて、じつは複数の民族が共存する地域としての特徴もある。過疎化がすすむ典型的な公共事業依存の町でもある。その意味で浦河という町は、「日本という国のかかえるさまざまな課題」を象徴的に体感できる地域である。

●"勝手な町おこし"の活動拠点

　べてるの家はそのような土地柄のなかで生まれた、精神障害をもつ人たちと町民有志による"勝手な町おこし"の地域活動拠点である。勝手な集まりが作業所へと発展し、それが現在は社会福祉法人となって、地域福祉の一翼を担っている。

べてるの家の見学者や出版物を読んだ人たちの語る感想に共通しているのが、「逆説的な実践」とか「逆転の発想」という言葉である。私たちは、精神障害をもつ人たちの現実を、世間一般やこの「業界」の常識とは違った視点から見てきた。そこに浦河での取り組みのユニークさがあるとするならば、それは浦河という地域の社会的・歴史的条件抜きには語れないような気がする。

　たとえていうなら、トマトが甘みを増すためには乾燥した過酷な自然環境が必要であるように、べてるの家を生み出したのは、まぎれもなく過疎化がすすむ北海道日高という地域の「過酷な環境」なのである。

●絶体絶命の条件下に咲いた花

　浦河という地域は、精神病の有病率、失業率、生活保護の受給率のいずれもが高率である。大学進学率は低く、地域住民（人口1万5000人）の半数は、年間所得150万円以下の生活を余儀なくされている。

　地域の中心病院である浦河赤十字病院は、慢性的に医師・看護師を含めたスタッフ不足に悩まされている。精神科病棟ひとつをとっても、看護師の平均年齢は20代で、回転も速く、数年で主だった看護スタッフが入れかわり、単科の精神科病院と違って技術や経験の継承がきわめて困難ななかで仕事をしている。

　病院の経営は慢性的な赤字で、危機的な財政悪化に苦しむ地元自治体にも、障害者の地域生活を支える基盤を整備するゆとりはほとんどない。公共事業は半減し、国や道の出先機関は廃止され、地域の中心産業である競走馬の生産も振るわず、建設業者の倒産や廃業も相次ぎ、商店の売り上げや地域の経済活動は縮小の一途をたどっている。

　障害者自立支援法がはじまってからようやくスタートした精神障害者へのホームヘルパーの派遣も、1人の枠を確保するのに四苦八

苦し、相談支援体制も、財政難から地域の事業所への委託が進まずに棚上げ状態となっている。

いまの日本で、官民一体となった、障害者を支える地域支援体制の優れた実践モデルを探すとすれば、むしろ浦河はまだ十分に「後進地域」なのだ。しかし、そのような絶体絶命の悪条件のなかでこそ、「べてるの家」という麗(うるわ)しい花が咲いたともいえるのである。

いまや浦河という地域のかかえる脆弱性を補って余りある、100名以上の当事者たちの幾重にも折り重なった暮らしの絆が、浦河の精神保健福祉ばかりではなく、地域そのものを下支えしている。浦河のかかえるさまざまな悪条件が「好条件」となって、循環する風土ができあがったのである。

つまり私たちは、あらゆる事柄に限界や困難を感じて投げ出したいと思ったとき、そこに「当事者の力」という、もっともシンプルな可能性を見いだしたのだ。

●共に行きづまり、共に挫折してきた

べてるの家のキャッチフレーズに「べてるは、今日もあしたもあさっても問題だらけ……それで順調!」というのがある。地域がかかえる悪条件は、改善するどころか日増しに増幅しつつある。それこそ、どこを見ても「問題だらけ」である。私たちはそのなかで、人と人とが共に集まり、知恵を出し合うことで互いを育んできた。

大切にしてきたことは、行きづまったり困ったりする局面を、つねに当事者と共有してきたことである。いつも共に行きづまり、共に挫折をしてきた。私たちが誇れるのは、唯一、そのことである。

この『退院支援、べてる式。』のいちばんのテーマもそこにある。

この困難の多い町、浦河で、障害者自立支援法が施行される5年前(2001年)に、転院をさせずに、完全な地域移行のかたちで病床削減(130床を60床に)を実現させたのは、まちがいなく25年に及ぶ当事者活動の蓄積と、そこから生み出された「べてるの家」の

存在があったからだと考えている。

●「当事者の力」への大きな信頼

　以前、無農薬でりんごを育てる農家が紹介されているのをテレビで見たことがあった。農薬や機械に頼らず、土を大切にして、りんごが本来もっている力と、それを活かす微生物や虫との共生的な営みを利用して、完全無農薬のりんごづくりを実現させていた。そこで語られる思いと具体的な作業は、ほとんどそのまま、べてるの家が歩んできた営みと重なると思った。そこがいわゆる「べてる式」のおもしろさであり、むずかしさでもある。

　この 30 年のあいだ、浦河という痩せた土地を開墾して、コツコツと土づくりに励むなかでできあがった黒土の大地が収穫を迎えようとしている。その経験からいうと、国が推し進める退院促進事業を含めた障害者自立支援法も、一歩間違うと農薬や機械に頼った近代農業の二の舞に陥る可能性があると思う。

　浦河には"病気に足下を見られる"という表現がある。精神障害をかかえるというきわめて人間的な営みに対し、私たちがそこに「人が生きる」ということの深淵さを見失ったとき病気は勢いを増す、ということである。

　「退院支援」でもっとも大切なことは、治療や援助技術の向上や地域の支援体制の整備は当然として、基本的な人と人とが織りなす素朴な営みを取り戻すことだと私は思っている。そこには「当事者の力」というもっとも大切な力への信頼と、専門家自身の「前向きな無力さ」が必要となる。そのことが、この『退院支援、べてる式。』から少しでも伝われば幸いである。

　最後になったが、この DVD ブック作成にあたっては森田惠子さん、MC メディアンのみなさん、医学書院の白石正明さんにはたいへんお世話になった。記して感謝したい。

退院支援、べてる式。——目次

まえがき

「べてるの家」とは
浦河における精神保健福祉に関連した社会資源

第1部
ここがポイント! 退院支援

1　「当事者主権」の退院支援　｜　016
　　1　精神科病床が増えた時代　016
　　2　当事者主権とは　018
　　3　転院させることなく地域へ　020

2　テーマのある入院をしよう　｜　027
　　1　「もう死にますから」「はい、わかりました」　027
　　2　「ふわふわ」から現実へ　029
　　3　再入院は新たなスタートの準備　031

3　カンファレンスの主催者も当事者　｜　032
　　1　中心にはいつも当事者がいること　032
　　2　援助者はどこに立つか　035

4　自分を助ける方法を身につける　｜　038
　　1　練習すればなんとかなる——SST　038

2　研究すればなんとかなる —— 当事者研究　040
　　　3　自分を助けるプログラム、6つのポイント　043

5　「飲まされるクスリ」から「飲むクスリ」へ　|　048
　　　1　「服薬拒否」も自己対処のひとつ　048
　　　2　苦情のひとつでもいえる処方を　050
　　　3　飲み忘れても退院できる　052

6　活躍するピアサポーター　|　056
　　　1　"仲間"という最強の味方　056
　　　2　ピアサポーター、坂井さんの日々　058
　　　3　37年間の入院生活を経て　061

7　どんなサービスが必要か　|　071
　　　1　退院準備のための外出・外泊　071
　　　2　さまざまな形の住居支援　074
　　　3　当事者ニーズにもとづいたサービスを　076

8　地域移行、成功のカギとは　|　079
　　　1　「それで順調!」といってみる　079
　　　2　偏見や差別とはたたかわない　080
　　　3　「何をするか」から「何をしないか」へ　081
　　　4　人生いろいろ、退院もいろいろ　082

第II部
読むDVD 紙上完全再録

I　　　130床から60床へ　｜　086

II　　　浦河流退院プログラム　｜　095

III　　　退院支援は質より量　｜　102

IV　　　37年ぶりの退院　｜　105

あとがきにかえて　向谷地生良氏に聞く

「べてるの家」とは

　「べてるの家」がある浦河町は、北海道日高地方の南端、えりも岬の近くにある。
　「べてるの家」は1984年 (昭和59年)、「回復者クラブどんぐりの会」が母体となって、浦河赤十字病院の精神科を退院した障害当事者有志が日高昆布の産地直送に取り組みだしたのがそのはじまりである。
　以来、「べてるの繁栄は地域の繁栄」と勝手に謳いながら、仲間を増やして事業を拡大、いまでは100名以上の当事者が参加している。人口1万5000人の町にあって、見学者は年間2000人を超える。
　毎年6月には「べてるまつり in 浦河」が開催され、全国からたくさんの人たちがはるばる浦河へやってくる。700人収容の町のホールはいっぱいになり、「地元の代議士よりも人を集める」などといわれている。地元の商店街には「歓迎べてるまつり」と書かれた札があちこちに貼られる。
　べてるまつりの名物企画はいろいろある。なかでも、もっとも注目されるのが「幻覚＆妄想大会」である。
　「自宅の2階の窓からUFOに乗ろうとして転落し、足を複雑骨折して、その日がたまたまクリスマスイヴだったために助けてくれる人が誰もおらず、這って病院まで行った」
　「悪魔の幻覚妄想に父親との連携プレーで挑み、『タァー！』と追い払った」
　などなど、メンバーのエピソードが発表され、表彰される。そして最後にグランプリが選ばれる。
　ここに、病気の症状を隠したり、否定的にばかりとらえるのでは

なく、いつもユーモアをもってそれに向き合っていく独特の障害者文化を見ることができる。

◆

　厚生労働省は現在、精神科の退院促進を積極的に推し進めている。浦河では、べてるの家と浦河赤十字病院が中心となって、20年以上前から、ごく自然なこととして「長期入院療養モデル」から「地域生活モデル」への移行に取り組んできた。

　その間、病気からくるさまざまな症状の苦労をかかえた当事者が、地域で生活していくための、服薬（非）援助やSST＊などの（非）支援プログラムが発達し、医療者と患者双方が互いに経験値を高め合いながら、今日に至っている。

　それらは、けっして専門家が主役となるようなケアではない。当事者がいつも舞台の真ん中にいるのが浦河流である。

　なお、べてるの家、および浦河の精神保健福祉活動については、『べてるの家の「非」援助論』（医学書院、2002年）等に詳しい。

＊SST……Social Skills Training の略で、「生活技能訓練」などと訳される。少人数のグループで自分の生活上の課題を発表し、参加者からもらったアイディアをロールプレイなどで実演して身につける認知行動療法。

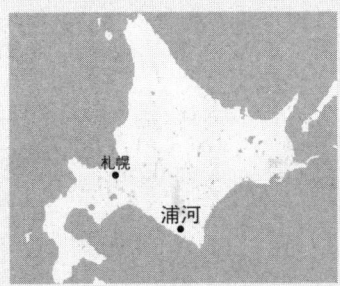
浦河は、えりも岬近くに位置する港町。

元祖べてるの家。グループホームとして、現在は、9人のメンバーが暮らす。

浦河における精神保健福祉に関連した社会資源
(2008年8月現在)

■ 浦河べてるの家
就労支援事業所B型→定員40名
生活援助事業：グループホームの運営→4棟
就労支援：㈲福祉ショップべてる→介護用品、各種業務請負
起業支援
住居支援：共同住居の提供→10棟
食事支援：世話人、ボランティアによる食事提供
ピアサポート事業：長期入院者の退院支援などをおこなう

■ 就労支援(B型)プログラム
〈1日の主なプログラム〉
作業時間：午前9時～午後3時
　朝ミーティング
　昆布作業
　Tシャツなど、べてるグッズ製作
　本・製品の発送作業
　見学者への事業説明
　地域交流拠点「4丁目ぶらぶらざ」(物販)の店番

〈1週間のプログラム〉(午前／午後)
　月曜　当事者研究／作業
　火曜　レクリエーション／SST
　水曜　作業／作業
　木曜　SST／作業
　金曜　金曜ミーティング(全体ミーティング)／作業

- **浦河赤十字病院**
    精神科デイケア（月曜日〜金曜日）
        SST　週2回
        当事者研究　週1回
        料理教室
        レクリエーション
        各種ミーティング・学習会
    精神神経科病棟（60床）
    精神神経科外来（医師2名）

- **地域権利擁護サービス**（浦河町社会福祉協議会）
    金銭管理、契約支援ほか

- **ホームヘルプ・サービス**

- **訪問看護・指導**（浦河赤十字病院）
    健康管理、服薬管理、内科的ケア、生活相談

- **浦河町子育て支援センター**（浦河町役場）
    子育てをする当事者家族支援

- **日高子ども家庭支援センター**（浦河・暁星学院）
    虐待防止・家族支援

- **浦河保健所−北海道日高保健福祉事務所保健福祉部**（精神保健福祉相談）

- **日高支庁社会福祉課**（生活保護）

■ **その他の精神保健リソース**

SA（Schizophrenics Anonymous：統合失調症者の会）

あじさいクラブ（子育てに取り組む当事者の会）

AA（Alcoholics Anonymous：アルコール依存症者の会）

回復者クラブどんぐりの会

NPO法人セルフサポートセンター浦河（障害者支援）

WA（Women's Schizophrenics Anonymous：女性を中心としたSA）

浦河べてるの家 2008年4月1日

社会福祉法人　浦河べてるの家

就労サポートセンターべてる
就労継続支援B型事業所
ニューべてる

- ●ニューべてる
  ・日高昆布商品の製造
  ・グッズ製作
  ・通信販売
- ●四丁目ぶらぶらざ
  ・店頭販売
  ・ティーサービス
- ●べてるセミナーハウス
  ・製麺
  ・環境清掃（ゴミ回収、清掃）
  ・リサイクル

生活サポートセンターべてる
精神障害者地域生活援助事業

- ●グループホーム
  ・べてる
  ・フラワーハイツ
  ・潮見ハイツ
  ・ぴあ
- 共同住居
  ・おざき荘
  ・レインボーハウス
  ・ひかり
  ・みかん
  ・リカハウス

有限会社 福祉ショップべてる
・介護用品事業
・浦河赤十字病院営繕・清掃請負
・共同住居
　たのし荘
　きれい荘
　潮騒荘　他

NPO法人 セルフサポートセンター浦河
・ピアサポーター育成／派遣
・研修事業

回復者クラブどんぐりの会

第1部 ここがポイント! 退院支援

1

「当事者主権」の退院支援

1　精神科病床が増えた時代

　浦河町は、人口8万人の日高管内における中心町であり、日高支庁、税務署、裁判所、法務局、職業安定所、労働基準監督署、保健所など、住民の生活に密着した公共機関が集積している。

　医療機関は、浦河赤十字病院のほか、診療所4か所（うち有床診療所1か所）がある。福祉では、知的障害者施設、児童養護施設、重度身体障害者養護施設、特別養護老人ホーム、心身障害児通園施設、知的障害者作業所、精神障害者通所授産施設（2か所）、グループホーム（14か所）がある。

●精神科は長期療養の受け皿

　浦河赤十字病院の精神神経科は、1959年（昭和34年）に50床でスタートした。当時、患者の多くは、200kmあまり離れた札幌や小樽の病院に頼らざるをえなかった。そのため、精神科の開設は、地元町村の強い要望によって実現したものであった。

　その後、全国的な精神科病床数の増加に歩調を合わせるようにして増床を重ね、1988年（昭和63年）には130床にまで増床された。精神障害をかかえた当事者が地域で安心して暮らせる支援体制がまったく整備されていなかった当時は、どこの地域でも精神科は治

療の場である以上に、病気をかかえる当事者を家族に代わって長期に受け入れ、療養させる受け皿としての役割を期待されてきた。

その結果、医療＝「囲」療（囲う）、看護＝「管」護（管理する）、福祉＝「服」祉（服従させる）、という構造が常態化し、それは浦河でも例外ではなかった。反面、精神病をかかえる当事者たちにとっては、地域には安心して暮らせる居場所がなく、浦河赤十字病院の薄暗い精神科病棟が唯一の安住の場になっていたのである。

●退院を困難にする要件

精神障害者にとって、入院したら退院する、というあたりまえのことをむずかしくしているのは、けっして病気の重さや障害の程度のせいではない。それを困難にしているのは、きわめて社会的・環境的な要因である。

浦河赤十字病院の例をみてもそれは明らかだ。精神科病床が当初の50床から、もっとも多いときで130床を占めるまでになった背景には、表向きの「精神医療の充実」という目的以前に、病院の新増築の財源として、つねに精神科病床の増床が求められていたことがある。それは現在も、政治的・社会的に維持されつづけている。

かつて道内には、「過疎地域で総合病院を維持運営するためのコツは、精神科病床をもつこと」という不文律があり、長期入院の問題は構造的につくられたものであった。その意味で長期入院の解消は、そのことの反省のうえで進められなければならない。

さらに精神障害者の支援は、病棟からだけでなく、精神保健分野という狭い領域からも解放され、広く地域に委ねられるべきものである。そしてそれはつねに、「当事者主権」の立場から展開されるべきなのである。

2　当事者主権とは

「当事者主権」とは、治療や回復にかかわるさまざまな諸権利を当事者が有していくということである。さらに、精神障害をかかえながら「失敗するチャンス」や「苦労する権利」をも取り戻すことを意味している。

そこで取り組まれるのは、単なるリスクや問題の「解決」ではなく、むしろ「自分らしい苦労」に直面していくことである。退院を支援するということは、当事者が出会っていく、そういったさまざまな苦労を応援していくということなのだ。

●キーワードは「苦労」

のちに「べてるの家」の設立につながる、統合失調症をかかえた当事者を中心とした「回復者クラブどんぐりの会」は、1978年（昭和53年）に発足した。背景には、当事者活動の活性化と地域を中心とした医療を重視しなければならないという当時の精神科医をはじめとする病棟スタッフの先見性があったといえる。

回復者クラブ活動が活発になっていくに伴い、地域の精神保健に関連した社会資源と、当事者活動のネットワークが充実していった。「どんぐりの会」とそれを母体とした「べてるの家」、AA（Alcoholics Anonymous：アルコール依存症者の会）、SA（Schizophrenics Anonymous：統合失調症者の会）、あじさいクラブ（子育てに取り組む当事者の会）などが次々と活動を展開し、今日では、会社法人、社会福祉法人、NPO法人などが設立され、その取り組みは、ケア、就労、生活と暮らしの全般に及んでいる。

それらの当事者主体の活動に共通しているキーワードは、「苦労」であった。

べてるの家が日高昆布の加工・販売をはじめて以来、地元のみならず、全国各地の多くの人たちとの出会いに支えられて今日まで活

動を続けてきた。

　商売をする、人と出会う、地域とかかわるということは、それ自体が大きな苦労や困難をともなうことである。職場では衝突があったり、「あの人には来てほしくない」といった声も出るようになる。取引先とはトラブルになることもある。地域には、ゴミの出し方ひとつから迷惑をかける。

　それでも、浦河ではむしろ積極的に「苦労していこう」といってきた。なぜなら、精神障害をかかえて生きる当事者は、従来の「囲」療、「管」護、「服」祉のなかで、失敗するチャンスや、あたりまえに苦労する権利を奪われてきたからである。

●当事者から問題を奪わないこと

　当事者が出会っていく困りごとの一つひとつのなかに、むしろ明日を生きるための回復のヒントがある。問題はただ問題としてあるのではなく、つねに当事者がかかえているニーズとして、それは顕在化するのである。その意味で、当事者は地域で問題と出会わなければならないし、困りごとは出てこなければならないのである。

　今日では、「当事者主権」ということが広くいわれるようになってきたが、浦河でそれは「任せること」「ゆだねること」「信じること」「無知／無力の立ち位置」というような言葉で表現されている。

　それは、医療者や専門家が、当事者のあり方、あり様というものを予期し、すべてを既知の想定内の枠のなかに当てはめていくような支援をするのではなく、当事者の人間的な営みとしての病気と、彼らが地域に出ていくことで出会うであろうさまざまな苦労や困難をも尊重し、応援していくということである。

ここがポイント！　退院支援

3　転院させることなく地域へ
浦河赤十字病院「病床再編・退院促進プロジェクト2001」

　浦河の歴史に話は戻る。2000年5月、浦河赤十字病院は「精神科の今後を考える会」を院内に発足させた。構成メンバーは、院長、事務長、看護部長、精神科医師、精神科師長、事務部スタッフ、ソーシャルワーカーである。

　同会では、精神科病床をかかえる総合病院の将来を考えたときに、毎年出る数千万円の赤字を他科の収入で穴埋めしてきた状況を改善する必要性があると考えた。また、「入院中心から地域生活中心の体制への移行」が時代の要請であるとする病院長の方針も活動を後押しした。

●地域で支えるための一大プロジェクト

　具体的には、全病床数の3分の1を占めていた精神科の130床のベッドを60床に削減し、退院した患者を地域で支えようという一大プロジェクトであった。

　道内の他の総合病院では続々と病床削減に着手しており、その多くが、ベッドに空きがある他の精神科病院への転院という削減方法に頼っていた。「それだけはしなくない」というのが、浦河で計画を進めていた関係者のあいだでの一致した考えだった。

　病床を70床削減し、入院患者の半数以上を地域に移行させるという計画を実現するべく、ソーシャルワーカーが所属する医療社会事業部を事務局とし、内部に「病棟再編を進める委員会」という作業チームをつくり、具体的なタイムスケジュールにもとづいて準備を進めていった。

　そして、(1)べてるの家の活用も含めた地域ケアへの転換、(2)住居の確保、(3)地域で暮らす当事者を支える社会資源としての精神科デイケア開設、などをすすめていった。まずは病床削減を見越し

て、入院患者数を段階的に抑制していった。また高齢者など、精神科に入院しながら治療の中心が他科に移行している患者については、関連した病棟に転科させた。すでに特養や老健施設を申請している人も順に入所を進めていった。そして最終的に33名の入院患者が残った。

しかし、彼らが地域へ戻るための受け皿づくりや支援プログラムはいかにあるべきなのか——。課題は山積していた。しかも最低でも5棟は必要になってくる共同住居の確保や、ホームヘルプサービスなど地域生活支援体制の充実には、資金も含めて病院も町も手が出ず、まったく余裕がないという状態にあった。

●退院前の学習会、講師はべてるのメンバー

そのような状況のなかで、退院を準備している仲間のために活躍したのが、べてるの家のメンバーだった。長期に入院している人は、病棟では寂しさを感じることは少ないが、外に出てはじめて仲間の必要性を感じたというケースが多い。そこで入院患者を対象に学習会を定期的に開催した。講師陣はもちろん、地域で暮らしているべてるのメンバーである。

学習会は半年間集中しておこなった。「地域で暮らすうえで大切なこと」をテーマごとに取り上げ、語り合った。当事者だからこそ言える意見やアドバイスが豊富に入院患者にもたらされた。

「友達がいないと退院はむずかしいよ」
「薬の大切さがわからないと絶対に服薬を中断する」
「SOSを出すタイミングをSSTとかで練習したらいいよ」
「薬を飲まない人が住居に退院してこられても困るんだよね」

など、地域で病気をかかえながら暮らす当事者ならではの貴重な言葉が、退院を準備している患者や支援するスタッフに共有されていった。

浦河では、当事者は単に精神障害という経験をもった人である以

上に、全員がピアサポーター（p.087川村氏インタビュー参照）であり、自分たちの苦労や知恵を生かすかたちで、これから退院に挑戦しようとする当事者を支援する。その意味で、学習会はひとつの出会いの場でもあった。

●"先生のおかげ"で実現した退院は予後が悪い

多くの患者の主治医である浦河赤十字病院の川村敏明医師は、退院を準備する患者にいつも「応援団をつくりなさい」と、人とつながることを勧める。

「みんな退院したら苦労するよって言ってない？」
「どんなことが必要？」

と語りかける。そこには「先生のおかげで実現した退院は必ず予後が悪い」という経験則がある。

川村医師はいう。

「『退院や回復は、自分自身と仲間のおかげ』という実感のもとに実現した退院のなかでこそ、本当の回復がはじまり、みんなよくなっていく。そこでは多少のことがあっても大丈夫。逆に、本人の代わりになんでもやってあげると、私の支援者としての評判はよくなる。代わりに考えて、代わりに悩んで、代わりにヘトヘトになる。でも病気はよくならない。本人に"任せる"というかかわり方をすると、評判は悪くなるし、感謝もされないけど、でもよくなっていく」

●べてるの家を社会福祉法人化

この退院支援プロジェクトを実現するうえでの最大の困難は、住居の確保だった。すでに町内には7つの共同住居があったが、最低でも5棟増やさなければならなかった。

住居の確保とともに、地域で暮らす当事者をさまざまな面で支援する体制が必要になってくる。べてるの家は、19人定員の作業所

を運営していたが、30人以上の人たちの地域での"居場所"を新たにつくる必要があった。そこで浮上したのがべてるの家の社会福祉法人化である。

　従来の社会福祉法人は1億円の基本財産がなければ設立できなかったが、作業所の運営などに限定した「小規模社会福祉法人」が1千万円の基本財産で設立できるという法改正がなされたのだ。

　当時のべてるの家は、教会の旧礼拝堂に間借りをして事業を営んでいた。法人化には、作業所の移転とともに、建物の買収と改装資金が必要になる。そこで、町内の国道沿いに立つ旧印刷会社の建物を取得しようということになった。築後数年しか経っていない印刷会社が経営に行きづまり、廃業して社屋を売りに出していたのである。

　同時に、精神科の退院支援の話題は地域にも伝わり、地元で学生のための下宿を営んでいた人から建物を使ってほしいという声やアパートを譲りたいという話までが飛び込んできた。

　べてるの家の関連会社である有限会社福祉ショップべてるが中心となって地元の金融機関から借り入れをし、さらには寄付金も募った。このようにして、べてるの家の社会福祉法人化が実現した。

●地域に無事軟着陸

　地域住民から提供された下宿2棟も含めて、べてる関連のグループホーム・共同住居は7棟から14棟に倍増した。銀行からの借り入れに際しては、地元の金融機関が前向きに協力してくれたが、それには統合失調症をかかえる当事者であり、有限会社福祉ショップべてるの代表取締役でもある佐々木実氏の物心両面の支えが不可欠だった。

　地域に対する働きかけとしては、早い段階から浦河保健所が中心となり、地域の要である民生委員を対象とした学習会を開催した。共同住居が集積している浦河赤十字病院のある東町自治会が主催す

る研修会にもべてるのメンバーが参加し、みずからの体験を語るなどして交流をはかった。結果、地域からは、ほとんど反対の声があがることはなく、退院者の多くが地域に無事軟着陸をすることができた。

　さまざまな困難が予想されたが、2001年10月に、130床あったベッドは60床に削減され、2つの病棟が1つに統合されることになった。
　揺り戻しがくる患者が多数出てくることを想定し、いつでも対応できる体制を整えたが、2か月を経過しても誰ひとりとして戻ってこなかった。その後、一時的に再入院する患者はいても、その数は日常の範囲内におさまっている。
　他病院を含め通算40年間の入院生活を終えて退院した統合失調症をもつ女性も、自動着火のストーブにマッチで火をつけようとして悪戦苦闘するなどというエピソードもあったが、入院中は味わうことができなかった苦労や失敗を繰り返しながら暮らしている。

浦河における精神科病棟・病床再編のプロセス

●浦河赤十字病院

2000年 5月	「精神科の今後を考える会」発足
2001年 1月	病院長に答申、「考える会」内に「精神科病棟再編を進める委員会」発足
2001年 4月	入院患者への説明と地域移行プログラムの開始
2001年10月	病棟を1つ閉鎖、130床から60床へ
2002年 6月	精神科デイケア開設

●浦河べてるの家

小規模授産施設	2か所開設(2002年)
共同住居/グループホーム	新たに7か所開設し、全14か所に
家事援助事業(べてるの単独事業)の充実	1か所→11か所

参考　浦河および日高東部地域の人口1万人あたりの精神科病床数(人口約3万1000人)

病床削減前　42床［浦河日赤精神科130床］
↓
病床削減後　19床［浦河日赤精神科 60床］ (制度上、これ以上は減らせない)
*その他の地域の1万人あたり病床数(2005年) 十勝地域　　15床 北海道平均　38床 日本平均　　28床 アメリカ　　　5床(OECD統計)
*平均在院日数(2005年) 日本　　　376日 北海道　　328日 十勝地域　176日 浦河　　　185日

長〜い目で

—『みんなで語ろう！ 心の未来』より—

先日、浦河町における精神保健の現状や課題について、保健・医療・福祉関係者の方々があつまって、これからの地域精神保健福祉の推進整備についてはなしあいました。

坊さん　役場さん　保健師さん　民生委員さん　早坂さん　社長　向谷地　村Dr　山崎さん　など

「よろしく おねがいしま——す」

町の民生委員の方は、例えばこのように→日々、地域にすむ人たちの相談にのってくれています。べてるの人たちもこの20年、いろいろとおせわになってきました。しかしこのたびこのように顔をあわせて話すことができる機会がもてたことに深い感慨をもちました。

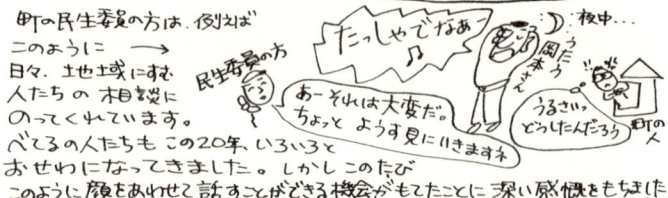

民生委員の方：「たっしゃでなぁ♪」
岡本さん：「あーそれは大変だ。ちょっと ようす見にいきますね」
夜中…「うるさい、どうしたんだろう」町の人

民生委員の方：「いろいろな トラブルが ありますが、やはり、どう対応するかは、みんな素人ですので むずかしいですねえ。」

村長さん：「そうだな— うんうん」

佐々木社長 とちゅう つまりながら語る社長に 88名 がさそわれました。：「ぼくは地域に住んで20年。ぼくたち障害者は、社会生活がにがてです。社会のルールやモラルを守れないことも多く、衛生上も迷惑をかけてるとおもいます。ぼくたちも注意するけど 力で押えつけたりはできない。責任もとりにくいという課題もあります。でも………やっぱり 障害者だけでは生きていけません。どこか山奥の1カ所に集めてくらすっていうのも無理……やはり 健常者に たすけてもらって共に生きていきたい。いいこと、わるいことを共に話しあって、……たすけあって 世間知らずも バカもいるけど……愛の手が必要なので よろしくおねがいします。」

早坂さん：「夜中に大声どうたら岡本さん とか ぼくたちも注意してるけどきいてくれない。迷惑をかけて20年。そんなかで 顔、病気を出して商売してきた。迷惑 かけたら みんなであやまって 責任とりたい。長〜い目でどうか見守ってほしい。」

川村Dr：「そうだな。うん。もう20年 見守ってるヨ 長〜いよ。」「うん。これからもよろしくおねがいします」

民生委員の方：「かげで 見守って下さってる町の方々にひどく感謝した1日でした」

「"精神障がい"を知らなかったことが原因でおこる問題は この先減るでしょう。地域とのコミュニケーションを大切にしていきたい。」

2

テーマのある入院をしよう

1 「もう死にますから」「はい、わかりました」

　浦河では、当事者が入院すると、「応援ミーティング」と呼ばれるカンファレンスが開かれる。そこにはいつも仲間の姿がある。
　退院する当事者は、仲間、精神科医、看護師、ソーシャルワーカー、べてるのスタッフなど多職種によってさまざまな角度からサポートを受けるが、特に主治医からは「テーマ」を大事にしようということがいわれる。入院のしかたやその意味が当事者に問われると同時に、テーマの見えない入院は基本的にさせない。
　その典型的な例が、以下のエピソードに象徴されている。
本人「もう死にますから」
主治医「はい、わかりました」
　この会話は、浦河赤十字病院の救急外来での統合失調症をかかえた女性患者Sさん（20代）と精神科主治医のやりとりである。

●処方されたのは、薬ではなく「仲間」

　2007年に浦河赤十字病院に転院してきたばかりのSさんは、地元では「死にたい」と周囲に訴えては、救急外来を受診して薬を増やしてもらったり、「今日家に帰ったら死ぬかもしれません」と訴えては、数年間にわたって入退院を繰り返してきた。浦河に来てか

らも、地元にいたときと同様に「死にたい」と訴えながら、救急外来を1週間続けて受診した。上記の会話は、その際のものである。

地元とは違って浦河の救急外来では、「もう死にます」というと、主治医は「はい、わかりました」というだけで、服薬していた大量の薬はどんどん減り、入院もさせてもらえない。それまでのSさんのやり方が通用しなくなったわけだ。そのときに彼女は主治医から、薬ではなく仲間と語ることの大切さを説かれた。浦河流にいうと「仲間を処方」されたのである。彼女は周囲のすすめで「当事者研究」をはじめた。

●苦労の「意味」を仲間と探す

当事者研究では、仲間やスタッフに協力してもらいながら自分の苦労のパターンを明らかにしていく。そこで見えてきたことは、「死にたい」といって救急外来にかかることによって、彼女は人とつながろうとしていたということだった。

「私にとって、病気でなくなるということは、人とつながる手立てを失うということでした」

当事者研究のなかでそう語ったSさんは、結果として浦河では一度も入院することなく、仲間と共同住居で暮らしている。

このように、入院が必要なのか否かという判断には、当事者がかかえている苦労の意味をどうアセスメントするかが大きくかかわってくる。これは、「幻聴がある」「希死念慮がある」「病気への理解がある」「服薬はできている」といった項目をチェックするような、単純なアセスメントシートに従った表面的なやり方ではできない。

当事者が直面している現実に共に降り立ち、本人と、本人がかかえている問題を切り離し、その苦労を一緒に眺めてみるという作業（＝外在化）が必要である。浦河では主に当事者研究やSSTのプログラムのなかでそれをおこなっている。

2　「ふわふわ」から現実へ

　Sさんの暮らす共同住居には、統合失調症をかかえ2年前に華々しい入退院（1年に5回）を繰り返した30代の女性メンバー、Ｉさんも暮らしている。

●苦労の丸投げ状態

　Ｉさんは、人間関係や自分の将来のことなど誰もがかかえる現実の苦労を自分自身で受け止めることなく、「毎日がハッピーです」といっては、自分が責任を負わなければならない物事や周囲の人間と距離を保ってきた。そして、アルコール依存症などをかかえる男性メンバーに寄り添って甲斐甲斐しくお世話をしながら、自分の寂しさを受け止めてもらうという"自分の助け方"を続けてきた。

　浦河では、そのような状態を「自分の苦労を丸投げしている状態」というが、その結果、いつもハンで押したように幻覚妄想状態となり、再入院を繰り返していた。

　そんな彼女が、「入院はお金もかかるし、まわりにも迷惑をかける」ということで、重い腰を上げるように当事者研究をはじめた。研究タイトルは「ふわふわの研究」である。

　研究が進むにつれて明らかになってきたことは、現実の苦労を受け止めて生きようとする状態、いわゆる地に足がついた状態を0（ゼロ）、幻聴さんにジャックされた状態を10と考えると、彼女の感覚ではいつも3〜4のレベルをフワワワと漂っている。それがもっとも心地よく、現実の苦労も見ないでいられる位置であるということがわかってきた。

　しかし、その状態でしばらくいると孤独感にさいなまれ、そこに幻聴さんが「お前は誰にも理解されないよ。理解できるのは僕だけだよ」ささやいてくる。甘い誘惑にとらわれているといつのまにか"ジャック"されてしまい、一気に幻覚妄想の世界に引き上げられ、

幻聴さんのいいなりになってしまう。これを幾度も繰り返してきた。

そこで、彼女の入院のテーマは、人間関係や仕事といった現実の苦労を大切にして、幻覚妄想の世界に埋没せず人と人との具体的なつながりのなかに生きるための自己対処のスキルを仲間とともに「研究」し、SSTなどを通じて「練習」していくということになった。

●新しい"自分の助け方"を模索

幻覚妄想状態になっては入院するということを繰り返してきた彼女は、「次からはもう入院はないから」という主治医の言葉により、それまでの幻覚妄想の世界への逃避的な"自分の助け方"を見直したのだといえる。

これまでは「現実の生活に耐えられない」と思うと「ふわふわ」と幻覚妄想の世界に陥っていたが、現在は相談し、人とつながることで多少の"重力"を得て、地面に近いところでなんとか留まっていられる暮らし方を見いだしつつある。SSTなどのプログラムを通じて仲間と出会い、人間関係のなかに留まっていようという意志も生まれたという。それは、はじめてSSTのプログラムのなかで幻聴の苦労を語ってみたところ、みんなに真剣に受け止めてもらえたという体験が大きかったのだという。

彼女は、現在も共同住居で暮らしながら、新しい"自分の助け方"を模索している。入院が契機となって、自分の苦労のテーマが明らかになり、「ふわふわ」とは違った、新しい自分の生き方の研究という次のステップを踏み出したのである。

3 再入院は新たなスタートの準備

●入院できるから退院できる

「退院とはゴールではなく、新しいスタートである」という考え方が浦河では浸透している。しかし、当事者が安心して過ごすためのあらゆる条件が整っている病院を出て、社会という現実に降り立ったとき、そこにはあたりまえのさまざまな苦労や困難が待っている。そこでは、自分をどう助けていったらよいかがわからず、人に相談することもできずに、病院へ舞い戻ってくる当事者もけっして少なくない。

しかし再入院もまた、それは失敗としてあるのではなく、次の新しいスタートを切る準備なのである。

べてるの家の代表の早坂潔さんは、1年に最低でも2回は入院する。べてるまつり（毎年6月）が近づく春と、年末年始あたりである。ぶるぶると震えた状態で入院したかと思えば、10日ほどでケロッとしてべてるに顔を出す。

浦河では、入院や医療を、特別敷居の高いものであるようには見ない。むしろ日常の連続のなかにそれはある。テーマさえはっきりしていればいつでも入院できるのだ。

このように病棟や病院が常に地域にむかって開かれている限り、入院している当事者にとっても、退院がそれほど怖いものではなくなるのである。

3

カンファレンスの主催者も当事者

1 中心にはいつも当事者がいること

　浦河にはさまざまなかたちのカンファレンスがある。カンファレンスを開くときに大事にしていることは、「主催者はあくまで入院している当事者自身でなくてはならない」ということである。
　一連のケアの取り組みの中心に、いつも当事者がいることがあたりまえでなくてはならない。当事者不在で性急に物事を進めていこうとしても、けっきょくうまくいかない。その姿勢は、「緊急カンファレンス」においてもっともよく現れる。

　　●緊急カンファレンス

　これは、なにか問題が起きたときに必要に応じて急遽開かれるカンファレンスである。
　あるとき、地域での暮らしを希望している入院中の若い女性患者が外出した際、幻聴に悪口をいわれてカッとなり、お店のガラスを割るという出来事があった。
　浦河ではそういった際も、病院関係者などが後始末することはない。そのときは、「緊急爆発ミーティング」が院内で開かれた。本人と関係スタッフ、統合失調症をもっていて同じような爆発系の苦労をかかえる仲間が集い、本人のなかでどんなことが起きていたの

かを明らかにしつつ、今後の爆発への対処法を話し合った。

　このときも両親への釈明や、お店に謝りにいく練習などをSSTを応用しておこなった。お店に謝りに行くときに一緒に行ってくれる仲間をそこで集い、SSTの練習どおり、本人が責任をもって謝罪に行くことができた。

●退院カンファレンス

　退院が近づくと「退院カンファレンス」が開かれるが、これも入院の意義やその収穫を分かち合う場と時間であり、医師、看護師、ソーシャルワーカー、住居支援スタッフのほか、多くの仲間が参加する。いつも笑いに包まれたような、明るい雰囲気のなかでおこなわれる。

　長い年月を病棟で過ごしてきた当事者は、思い出話に花が咲く。入院前にべてるで重要な役割を果たしていた仲間が退院するときは、「Мさんがいなくて昆布の在庫管理が大変だったんだわ。退院

37年ぶりに退院した横山譲さんの退院カンファレンス。カンファレンスは、あくまで本人が主催者となって開かれ、気心が知れた仲間が集まる。

してきてくれてよかった」などとエールが送られる。

　退院カンファレンスはこのように、新しいスタートを切るにあたって「自分はこれだけの人たちに応援してもらっている」という社会的なつながりや応援をもらう場である。そして同時に、カンファレンスに集まってくれた仲間の顔一つひとつのなかに自分の退院後の生活が見えてくる大切な場なのである。

●共有されている"べてる語"

　入院の成果を本人が受け取るような「テーマのある入院」ができるか否かは、病棟内のカンファレンスをどのようにおこなうかにかかっている。病棟でおこなわれる通常のカンファレンスでは次のようなことが話し合われる。

(1) 情報の共有
(2) 苦労の見極め──再アセスメント
(3) 支援のしかたのポイントの確認
(4) 活用するプログラム（SST、当事者研究、べてるの仕事参加、自助グループなど）の検討
(5) 幻聴や妄想への自己対処や、金銭管理などの生活上の検討課題への対処法

　通常のカンファレンスとは別に、申し送りのなかで取り上げられた患者さんに急遽参加してもらって、短時間の「ショートカンファレンス」をおこなう時間も確保されている。

　カンファレンスがうまくいくためには、入院プログラムと、べてるの家を中心とした地域支援プログラムとのあいだで理念が共有されていることが大切である。たとえば入院中であっても、看護師から「いい苦労がはじまったね、その苦労応援してるよ」というような"べてる語"が自然に使われているし、「幻聴さん」「お客さん」「低脳薬」など、当事者研究から出てきた用語も、べてる、デイケア、病棟でいつのまにか流通している。

それは、病院内外で情報が滞りなく共有されているということでもある。多くの地域で入院治療と地域生活支援の連携の困難や理念の不一致が課題となっているなかで、これは非常に大切なことである。

2　援助者はどこに立つか

●多職種が多角的な視点で応援

　浦河の精神保健福祉のプログラムは、浦河赤十字病院を中心とした医療機関、浦河町役場、浦河保健所、生活保護を所管とする日高支庁社会福祉課などの行政機関、地域生活支援を担う「べてるの家」の関係スタッフ、回復者クラブ「どんぐりの会」、NPO法人セルフサポートセンター浦河、家族会「遊」などが一体となって事業を担っている。

　1人の患者さんにかかわるスタッフには、精神科医師、看護師、ソーシャルワーカー、作業療法士、薬剤師、外来看護師、デイケアスタッフ、保健師のほかに、べてるの家のスタッフ（看護師、ソーシャルワーカーなど）、仲間（ピアサポーターなど）がいて、多角的な視点で支援プログラムが実施されている。

　べてるのスタッフや地域の保健師は、精神科病棟や精神科デイケアに自由に出入りすることができる。それぞれが定期的に課題を持ち寄り、方策を話し合う。

　このネットワークが生きてくると、たとえば同じ患者でも、1人のスタッフからは「いつも喫煙室にいてプログラムに誘っても出ようとしない」と見えたとしても、別のスタッフからは「Aさんは、幻聴さんから命令されていて、身動きがとれない」という情報がもたらされる。共同住居の世話人からは「病棟に比べて共同住居は少し寂しいという気持ちがAさんにはあるようだ」、仲間のピアサ

ここがポイント！　退院支援　　035

ポーターからは「お金の苦労があって気にしていた」などといった別の情報がもたらされる。このように、それぞれの視点が持ち合わされることで、個々の治療や援助に広がりが生まれてくる。

● 「根拠なく信じる」という浦河方式

　浦河には、町の中心から2km圏内に15か所の共同住居やグループホームがあり、そのほか周辺の民間アパート数か所も含めて100名近くの統合失調症など精神障害をもつ当事者が暮らしている。さまざまな障害をもつ人たちが、ほぼ自主管理に近いかたちで暮らしている。

　生活上のルールは各々の住居が常識的な範囲のなかで自主的に決め、もちろん恋愛なども自由である。だから浦河にはカップルも多い。病状が不安定で、通院や服薬や金銭管理に苦労しながら、ようやく暮らせている人たちも多い。

　精神科病棟スタッフから「いつ入院してもおかしくない」と言われているのが、浦河赤十字病院にほど近いところにあるフラワーハイツというグループホームの住人たちである。

　あるとき住人の1人が「この住居には透明人間がいる」と言い出した。さっそく住居ミーティングがおこなわれたが、侃々諤々の討議の結果、「たしかに透明人間がいる」と全会一致で決議されたという。そんなエピソードをもつ、べてるのなかでも特にユニークな住居である。

　フラワーハイツには、支援プログラムの誘いに乗ってこなかったり、服薬やお金の使い方がいっこうに改善しなかったり、爆発を繰り返したりと、さまざまな出来事の対応に追われる場面も少なくない。地域で多くの挫折を繰り返してきた「名うての苦労人」が多い。そんな彼らも、仲間とともに訪問看護や訪問診療の力を借りながら生活を維持している。

　このようななかで、べてるが伝統的に育んできたのが「信じる」

ということである。浦河流の「信じる」は、期待をともなわない。期待を先取りすることではなく、目に見えず、将来的な好転を導きだすことが困難であるような「未知」に対して、にもかかわらず「任せる」ということである。それは、当事者自身が「苦労の主人公」になるということでもあるだろう。

　この「信じる」という立ち位置は、浦河では治療や援助ばかりではなく、あらゆる人と人とのつながりのなかで求められる基本的な構えである。「信じる」ということは、もっとも信じがたい状況で、もっとも信じがたいものを、「にもかかわらず信じる」ということである。「根拠なく信じる」ということである。それを浦河では「先取りした信じ方」といっている。それは、お仕着せでも、期待でもなく、ひとつの人間の尊重のしかた、ということもできる。

4

自分を助ける方法を身につける

　精神障害をもつ人のセルフケアは、スポーツがうまくなることや、車の運転操作を習得することに似ている。つまり、考えていることを実際に行動に移す際の「スキル」の獲得が必要不可欠になってくる。それを可能にしたプログラムが SST (Social Skills Trainig：生活技能訓練) である。

1　練習すればなんとかなる —— SST

◉「うまくいった」未来の自分を先取りする

　浦河の退院支援においては、SST の「練習すればなんとかなる」というアプローチを基本にしている。

　自己洞察を求めたり、知識や情報伝達を中心とする従来の心理教育プログラムに、SST は大きな変革をもたらした。浦河では 1992 年から SST が導入され、エンパワメント・アプローチの核となるプログラムとして活用されている。

　SST のセッションを通じて、「うまくいった」という未来の自分を少しだけ先取りすることで自信を取り戻すと同時に、不安に感じているいまの自分が明日の自分ではないということが身体でわかってくる。

　SST では、「退院先として希望している住居のミーティングに参

加したけれど、うまく自分のことを話せなかった」という悩みを、「話せるようになりたい」という希望的な課題として受け止めなおす。そして「大事なことに気がつきましたね」と練習課題として取り上げ、周囲がそれを積極的に支えていくのである。

SSTの実際の場面では、本人が練習課題を出し、仲間の輪のなかでロールプレイをおこない、「よかったところ」「さらによくするところ」をフィードバックしてもらい、拍手で終わる、という一連の流れが重んじられる。

●SSTは仲間の存在を実感する場

SSTは、単に課題を設定し、それがうまく遂行できるように練習するだけではあまり意味がない。練習課題を出した仲間への共感と連帯を分かち合うのがSSTという場だ。

「私はこういう苦労をしています」という発題者に対して、参加者が「よくやってるね」というメッセージを送るとともに、その苦労をかかえて生きているということにみんなで同意署名するという承認の場でもある。練習課題を出した本人は、自分を応援してくれる生々しい存在がいることをより確かなものとして身体で実感するのである。

SSTでは、「よいところ」「さらによくするところ」という当事者にとって肯定的な視点が必要である。それは支援全体において有用であり、援助者にとっての基本的態度でもある。

浦河ではSSTの導入以来、退院のみならず精神保健福祉活動にかかわるプログラムが、SST＝認知行動療法的アプローチをベースとして構造化されているといってよい。すなわち、当事者みずからが内外の状況をモニターし、適切に自己対処していく力を獲得することをまわりが応援する。そんな姿勢が、病棟からデイケア、そしてべてるまでが一貫している。

2 研究すればなんとかなる ── 当事者研究

●"生きづらさ"も研究の対象

浦河では当事者が、みずからのかかえる生きづらさに「研究」という視点で接近しようとする。これが「当事者研究」である。

当事者研究は、先に紹介したSSTのプログラムから発展したもので、当事者がかかえる幻覚や妄想も含めた生きづらさの世界にみんなで降り立ち、そこから生き方や暮らし方を研究的に模索していこうとするアプローチである。30年以上にわたる浦河での当事者と支援者との実践の積み重ねのなかから生まれたプログラムであり、SSTとならんで浦河における「自分を助ける」プログラムの中心に位置している。

当事者研究の特徴は、当事者がかかえるさまざまな生きづらさ(幻覚や妄想などの症状に翻弄される暮らしや薬の副作用、気分の落ち込み、対人関係の苦労、仕事の苦労など)に対して、当事者自身が仲間、家族、専門家と連携しながら研究し、ユニークな理解や対処法のアイデアを見いだし、現実の生活のなかに活かしていこうとするものである。

研究を通じて当事者は、自分自身が「自分の苦労の主人公」でありながら、単なる「問題解決の方法」ではなく、問題と思われている事柄に向き合う「態度」「見方」「立ち位置」の見直しや見極めをおこなう。そして、問題が解決されないままでも、「まあ、なんとかやっていけそうだ」という可能性の広がりを経験していく。

●ポイントは《人》ではなく《問題》

当事者研究では、《人》ではなく起きている《問題》に焦点をあてる。そして、精神障害をかかえながら地域で暮らすなかで起きてくる生きづらさを解消する知恵と力は、当事者自身の体験のなかに

ある、という立場を大切にしている。

この当事者研究によって、課題が解決したり、病気がすっかり治ったりするわけではない。ただ、苦労をかかえている自分と、起きている《問題》を第三者の視点から眺め渡し、従来の生き方のパターンを明らかにして、その自分の苦労のパターンを隅々まで把握できるようになる。多くの仲間やスタッフと一緒に「ああでもない、こうでもない」と試行錯誤しているうちに落としどころが見つかったり、「まあ、こんな感じでやっていけそうだ」という見通しを共有することができるようになるのである。

このようにしておこなわれている「当事者研究」にはおよそ3つのスタイルがある。それは、(1) 1人でおこなう当事者研究、(2)複数でおこなう当事者研究、(3)グループでセッションとしておこなう当事者研究である。

●**当事者研究、3つのスタイル**

1人でする当事者研究とは、自由な時間に場所を選ばずに気軽に自分でおこなう研究活動である。当事者研究をはじめると、1人でいる時間でも、さまざまな出来事を「研究」という切り口で考えられるようになってくる。当事者研究に参加しているメンバーは、いつも研究ノートを小脇にかかえ、気づいたことや発見したこと、新たなテーマなどが浮かんだときにノートを取り出し、メモしている。また研究の途中で、さまざまな対処方法を「実験」した後も、その「効果」を記録し、ミーティングで報告したりする。

2人以上が参加する当事者研究は、仲間や支援者に協力してもらう。はじめて当事者研究に挑戦するときなどはこのかたちから入ることが多い。また、爆発やリストカットなど、同じ苦労をかかえるメンバー同士でテーマをひとつにしぼり、「研究チーム」を立ち上げて進めたりする。

グループでの当事者研究は、決まった曜日・時間・場所で定期的

当事者研究の風景（べてるの家／毎週月曜日）。SSTや当事者研究といったプログラムは、自分の助け方や課題を練習したりする場であると同時に、自分の苦労を自分の言葉で語り、人とのつながりを取り戻す場でもある。

に開催される当事者研究ミーティングで、週1回、研究の進み具合を報告し、さらに検討をする場としている。

当事者研究は以上のようなさまざまなかたちでおこなわれているが、どのスタイルであってもおおよそ次の手順でおこなわれる。

(1) 日常生活上の出来事、困りごとを素材にする。
(2) 苦労や悩みをテーマ化し、起きている出来事の意味を考え、そのパターンやメカニズムを図にしたりロールプレイで演じてみたりする。
(3) 苦労への対処方法を話し合い、検討する。必要に応じてSSTを使い練習する。
(4) 研究から生まれたアイディアは生活場面で「実験」して効果を確かめる。
(5) 効果があればそれでOK、なければまた次のセッションで再検討する。

(6) 一定の成果を発表する。

　浦河ではこのSSTと当事者研究を、べてるの家と、浦河赤十字病院の精神科デイケアで行っている。

　自助に重点をおいた基礎的な心理教育プログラムを精神科デイケアが担い、べてるの家では実生活に近い応用的なプログラムが多様に用意されている。メンバーは自分の目的に合わせて、たとえば午前はべてるに通い、午後にはデイケアのプログラムに参加するといったように活用している。

3　自分を助けるプログラム、6つのポイント

　最後に、SSTや当事者研究など「自分を助けるプログラム」全体を通して大切にしてほしいポイントを6つあげておく。

❶どんな経験であっても「宝」

　どのような失敗や行きづまりの経験でも、そこには未来につながる「宝物」（＝大切な情報）が眠っている。私たちは困難をかかえると、つい自分にマイナスの評価をつけて、自分以外のところに解決策を見いだそうとしがちである。しかし当事者研究の視点では、自分と仲間の行きづまりの経験のなかにこそ、いまの苦労や困難を解消する知恵とアイディアが埋まっていると考える。

　ささいなことでいつも被害的になってイライラしたり爆発してしまうという苦労があり、本人もなんとかしたいと考えている。そうした身体の反応を含めた自分の苦労の情報を仲間と出し合うことで、意外な共通点に気がついたり、自分だけでは考えつかなかった対処法を発見できたりすることがある。

　そこでは無駄な失敗だと思っていたことが大切な経験に変わり、人を助け、自分も助けられるということが起きてくるのである。

❷自分自身で、しかし共に

　自己対処の方法を考えていくときは、第一に、自分たちがかかえる苦労に「テーマ」というかたちをもたせることが大切である。第二に「研究者」の眼差しで立つこと、第三に仲間や家族、支援者と連携していくことだ。

　たとえば、お金でいつも苦労している場合は「金欠」がテーマになる。自分の考えていることが人に伝わってしまうという苦労の場合なら、テーマは「サトラレ」だ。当事者によってテーマはさまざまであり、そこに個性がある。

　これらの苦労のテーマに対しては、研究者の眼差しをもって対峙する。つまり、自分自身を問題視するのではなく、自分と、かかえている苦労とを切り離して考えてみるのだ。自分のふるまい方を客観的に眺めてみてその構造を理解し、新しい対処法を考え、仲間や家族と共有していく。そのことによって苦労が完全になくなったり、病気が治ったりはしないが、いままでより少し生きやすくなる。

　自分の症状や苦労に対する客観的な理解が深まるほど、自分自身や人とのつながりにおいても、豊かさが生まれてくるのである。

❸「対話」を回復させる

　精神障害は「考えること」「話すこと」「聴くこと」、つまり「対話」という人間のもっとも大切な営みをむずかしくする。その対話を、日常生活のなかに誇りをもって取り戻す作業が「研究」にほかならない。

　対話は、他人とのあいだだけではなく、自分自身との関係においても成り立つ。自分のかかえる"生きづらさ"を研究テーマとして設定し、それと対話するのである。それまで一方的に巻き込まれたり翻弄されていた自分の一部を切り離し、対話の相手とするのであ

る。そうすることで、苦労がとりあえず棚上げ（保留）され、とらわれが「関心」に、悩みが「課題」に、孤立が「連帯」へと変わっていく。その結果、日々の苦労との出会い方が変化してくる。

たとえば、人のなかに入ろうとするときに、いつも「お前は役立たずだ」「嫌われているぞ」というようなマイナスの自動思考（浦河では「お客さん」と呼ばれている）にさいなまれて、爆発したり、閉じこもっている人がいるとする。そこに研究的視点をもってくるとどうなるか。「マイナスのお客さんとのつき合い方」という課題が設定され、「あっ、今日もまたお客さんが来たな」という気づきが生まれる。そこで、爆発したり他人を避けるという従来の回避的な自己対処とは違うアプローチの可能性が出てくるのである。

❹言葉を変えていく

精神科リハビリテーションにおいては、「言葉を変えていく」ことが非常に大切である。言葉を変えることで、というか、言葉を変えただけで、あらゆる経験が意味ある人生経験に変わっていく。

言葉は、物事の意味づけを大きく左右する。たとえば「爆発を繰り返している人」ではなく、「爆発を止めることができなくて困っている人」と表現してみるだけで、爆発という《問題》と、それに苦労している《人》が分かれてくる。

周辺にさまざまな困難が山積してくると、いつのまにか《問題》と《人》が混同され、その人自身が「問題扱い」されがちである。そんなときはなによりもまず「人と問題の切り離し」作業をおこなうことが必要だ。これを「外在化」ともいう。本人を問題視するのではなく、「問題が問題」であると考えるように工夫をするのだ。言葉をつかうときも、その点に注意を払う必要がある。

「爆発」というエピソードひとつとっても、他人を傷つけたり、物を壊したくて爆発している人は基本的にいない。ほとんどの場合、自分を助けるための自己対処として、「爆発」という手段をと

るのである。そこで「いつも問題行動を起こす人」から「なんとか自分を助けようとがんばっていたけれど、よい対処ができずに応援を必要としている人」と言葉を変えてみると、爆発というエピソードの語られ方も変わってくる。

また、浦河には「病気も回復を求めている」という言葉がある。これは病気に対する基本的な見方の変更である。病気や症状を、回復に向かわせようとする身体の大切なシグナルと見る。すると病気や症状も、ただのやっかいものではなくなってくる。

❺「見つめる」から「眺める」へ

私たちは、原因を明らかにしてそれを除去すれば、いまの生きづらさから解放されると考えがちである。そこでつい自分の内面を見つめようとしたり、過去の生い立ちや生活のなかに問題点を探そうとしたりする。

しかし浦河では、あまり自分の内面を見つめたり、過去の暮らしのなかに問題を探さないことにしている。自分の苦労を「見つめる」ことではなく「眺める」のである。それは、目の前のテーブルの上に自分の苦労を積み上げて、みんなと眺めてみるような感覚だ。

幻聴がふだん自分の生活にどうかかわってくるのか、体感幻覚がいつどのように出てきてどう困っているのか、どんなときに被害的なイライラのスイッチが入るのか……。それらを、自分自身を問題視するのではなく、自分とは切り離して眺めてみるのである。

テーブルにどんな情報を積み上げるかは、当事者自身が決める。当事者がかかえている苦労や、起きている困難な出来事は、なるべく目に見えるかたちで再現してみんなで共有する。そして取り組みの成果も、日常の生活のなかで具体的に目に見えるかたちにすることが大切だ。プログラムやセッションのなかで図に描いたり、ロールプレイで実際に演じてみたり、「練習する」というSSTのアプ

ローチを積極的に活用するのはそのためである。

❻「弱さ」は力

　べてるの家には、「弱さを絆に」という理念がある。私たちはつい弱さを否定したり、劣っている部分を克服してより強くなろうとする。そしていつのまにか、何でも自分でできて、自立していて、誰にも迷惑をかけない人が立派であり目指すべき回復の姿である、というように考えてしまう。

　しかし、浦河ではまったく逆のことがいわれる。先にも出てきたように、川村敏明医師は、退院の準備をしている患者に必ず「応援団をつくりなさい」という。地域で暮らすべてるのメンバーも「困ったときに頼れる人がいないと退院できないよ」とアドバイスをする。看護師やソーシャルワーカーは「相談やSOSの出し方が上手になったね」という点を誉める。

　浦河でいわれる「強さ」や「自立」とは、苦労があっても人とつながり、共生していける力を指している。むしろ「困っている」「苦労している」「誰かの支えなしでは生きられない」ということは、人とのつながりや共生を引き込む"力"があるということだ。つまり「弱さ」は力なのである。

5

「飲まされるクスリ」から「飲むクスリ」へ

1 「服薬拒否」も自己対処のひとつ

　服薬は、精神科医療全般にわたって、重要な関心事である。他科とは違い精神科において服薬遵守は自明のことではなく、患者さんから「服薬拒否」を突きつけられるケースも少なくない。「自分が自分でいられなくなる薬はいりません」「変な異物が入っているので飲みたくない」「もう自分には必要ない」など、日々多様な訴えがある。

　浦河では、「服薬拒否」も当事者の自己対処の方法であると解釈している。服薬にもその人が置かれている過去の経験も含めた全体状況が反映されているから、「飲まない」という選択も十分にありうるのだ。

　したがって、当事者がかかえる服薬をめぐる苦労を「問題」としてとらえるのではなく、そこにある「ニーズ」として見る。そして、他の当事者の体験も織り交ぜながら、「飲まされる薬」から「飲む薬」へと、当人の主体的な選択を促していく。

●「飲まないでいる」「飲み忘れる」のも経験

　「当事者研究」のなかで、薬がテーマになることがよくある。どうして飲みたくないのか、自分を助ける手段として薬がどのように

役立っているのか、それとも不要なのか。そういったことを、当事者がかかえている現実に共に立って考えてみる。すると、「飲まないでいる」「飲み忘れる」ということも長期的視野で見ると大事な経験であることがわかってくる。

べてるの家のビデオ『精神分裂病を生きる』第9巻の「飲まされるクスリ、飲むクスリ」に登場する本田幹夫さんは、「薬を飲まないほうが頭がスッキリしていい」ということで薬を飲まないでいることに挑戦し、結果的にソーシャルワーカーが悪魔だという妄想が出てきて入院した。その経験から「あんな状態にはもうなりたくない」と、自分を助けていくためには服薬が大切であることをあらためて身体で学んだ。いまでは「また薬をやめてみるかい？」と尋ねると、「いや、もういいです」と笑う。

●薬のことは"幻聴さん"にも確認

外来の診察場面で、721人の"幻聴さん"をもつことで有名な大崎洋さん（『べてるの家の「非」援助論』医学書院、72頁参照）が「勝手に薬を変えたことで幻聴さんが怒ってる」と訴えてきたことがあった。そこで川村医師は「この薬でいいか、ちょっと幻聴さんに聞いてみてくれる？」と言うと、大崎さんは「ちょっと待って。……うん、いいって」と答えてくれた。「今後も幻聴さんにも必ず確認するというルールにしようね」ということで、無事、処方どおりに服薬することができるようになった。

第2章で紹介した「死にたい願望」の女性メンバーSさんは、地元で1日17錠ほどの薬を処方されていたが、浦河に来て救急外来に「死にたい」と訴えて受診するたびに薬の量が減りつづけ、5分の1の量にまでなった。

Sさんは地元では、死にたくなると受診して薬を増やしてもらったり入院させてもらうことで安心感を得てきたタイプであり、浦河でもつらくなると薬をもらいに救急外来にかかっていた。しかし川

村医師は薬を処方するどころか、むしろ減らしつづけた。川村医師は「浦河は親切なところじゃないでしょ？　薬も親切じゃないでしょ？　病気の人生から、より人間らしい苦労をするために、苦労の質を変えていくことが大事なんだよ。薬の代わりに仲間を処方してあげるからね。また死にたくなったら、まず人に相談しなさい」と言った。

彼女は、病気の"症状"や"不安"といった「手みやげ」を医師に持参し、そのことを通じて「存在確認として病者を演じる」という悪循環から抜け出すことができずにいたのである。川村医師がとったのは、精神科医がそれに加担しないという行動である。

●薬を医療者任せにしないこと

川村医師は、「最近は、患者さんが自分に必要な薬を注文してくるようになった」という。院外処方の普及により、患者さん自身が自分の服用している薬の効能を知ることができるようになったことや、自分の生活管理の一環として上手な服薬の方法を当事者が互いに情報交換していることも大きく影響している。

また、「当事者研究」のテーマとして主体的に議論していく基盤ができあがるなかで、「病気や薬のことは医療者任せ」という姿勢は、あまり見られなくなってきた。

2　苦情のひとつでもいえる処方を

入院・外来を問わず患者さんが治療者とかかわるうえで大切にしている"スキル"のひとつに、「本当のことを言わない」というものがある。もし自分に起きていることそのままを話してしまうと、外出させてもらえないかもしれない、入院が長引くかもしれない、薬を増やされるかもしれないという心配があるからである。このように、「治療の場では自分の苦労を正直に語れない」というのが、

多くの医療現場の実情である。

●治せない精神科医、相談するソーシャルワーカー

「治療する人が治療される人に、一方的に指示命令をする」という関係では、そのようなことが起こるだろう。では「治療する人、される人」という硬直化した関係を乗り越え、お互いにパートナーとして連携していくためにはどうすればいいのか。川村医師は「医療者はなんでもわかっている人、なんでもできる人と思われないこと」だといっている。

先に紹介した「苦労の丸投げ状態」を指摘された女性メンバーは、入院中に看護師から「あなたとどうかかわっていけばいいか教えてくださいね」といわれたという。"治せない精神科医"、"相談するソーシャルワーカー"を標榜している浦河ならではかもしれない。

このように「当事者に相談する」ということはよくある光景だ。本人の悩みや苦労の経験は宝の山であり、そのなかにこそ行きづまった現実を変えていく重要な鍵があると考えているからである。

●薬で「語り」と「言葉」を奪わない

もうひとつ、当事者自身が自分の苦労や起きている現実を自分の言葉で語っているからこそ、そうした「当事者への相談」が成り立っている。つまり、浦河でおこなわれているさまざまなかかわりの底流には、当事者自身がみずからの経験を言葉を使って伝えるという営みがある。

べてるに「三度の飯よりミーティング」というキャッチフレーズがあるように、「自分を語る」「話す」という機会が数多く用意されている。どんなミーティングでも「今日の気分と体調」の紹介からはじまるのも、そのひとつである。

このように浦河では、「語り」と「言葉」に光を当てていく。そ

の積み重ねのなかで、服薬においても、自分の薬がどう役立っているのか、他の人はどう役立てているのかということを聴き、語りはじめるのである。

その意味では、「言葉を獲得していくプロセスが大事」ということが、医療者にも当事者にもはっきり意識されている。だから、きちんと苦情のひとつもいえるような処方が大切になってくる。

3　飲み忘れても退院できる

浦河で退院支援のサポートを受けている患者の退院支援計画表には、日中活動、経済的課題、食事、住居などの項目はあるが、「服薬」に関する項目はない。

もちろん、退院支援を進めていくうえで、服薬が適切にできているかどうかの見極めはもっとも留意すべき項目であり、一般的には再発予防の観点からいっても、それが退院できるかどうかを決める重要なポイントである。ではなぜ退院支援計画表に服薬の項目がないのか。

●日常的な話題としての薬

浦河では、SSTの服薬自己管理モジュールを援用したプログラムをおこなってきたが、2007年度からは「福島医大式の服薬自己管理モジュール」を活用している。加えて浦河流「服薬自己管理」の特徴は、なんといっても当事者の日常における相互のコミュニケーションのなかに「薬」に関する内容が多く登場することである。

自分の病気や苦労のエピソードがありのままに人と共有されていれば、「薬」をめぐる自分の思いや不安も、秘匿したり、知られないように努力する必要がない。服薬に関することは、治療スタッフと当事者における単なる「健康管理」の問題ではなく、当事者間で共有される、きわめて日常的な生活上の話題となっている。

●服薬管理はあなたに任せます

　支援に関係している医療者としては、薬は基本的に「飲んでほしい」。しかし、それがいつのまにか「飲ませる」に変わり、「飲んでいるかどうかをチェックする」という発想に陥っていく。
　そのような医療者側の態度に、当事者はとても敏感である。そこに一種の心理的な駆け引きが起きてくる。そうなると、繰り返し述べているように、「精神科医、看護師とのつき合いで気をつけるべきことは、本当のことを言わないことだ」というような"スキル"ができはじめ、治療の場が駆け引きの場に変わっていく。服薬の問題は重要であるだけに、「管理する」「管理される」という緊張感を、無意識のうちに治療者-患者間にもたらしてしまうのである。
　だから浦河では服薬は「管理」しない。浦河の退院支援計画表から服薬の項目が外れているのは、「服薬管理は、基本的にあなたに任せられています。なにか心配なことがあったらいつでも相談してください」というスタンスの表明なのである。

●飲まなかったことを隠さない

　そこで重要なのは、「飲み忘れることがある」「服薬に消極的」という理由だけで、退院できないことにはならない、ということである。「薬の大切さ」を、地域生活のなかで仲間や訪問看護師などの専門家の力を借りながら実践的に学んでいけばOKなのである。
　たとえば、訪問看護師が退院した当事者の部屋に訪問すると服薬カレンダーが吊り下げられており、なんの隠し立てもなく、堂々と飲まなかった薬がそのまま入っている。大切なのは、「飲まなかった」ことが「隠されていない」ことなのである。それを通じて、どうしてその日飲まなかったのか本人から事情を聞くことができるし、そこから新たな生活のテーマが見えてくることもある。
　つまり、いかに服薬管理を徹底し、飲み忘れをなくすかというこ

とにエネルギーを使うのではなく、"飲み忘れても大丈夫"なような、ゆるやかな支援ネットワークを構築することが必要になる。無駄な努力は排除して、代わりに発展的な環境を作り出しているというわけだ。

●「困りごとがあっても大丈夫」なシステムへ

　当事者にとって、地域で暮らすことへの課題は、数えあげればきりがないくらいに存在する。それらをすべて解決してからでなければ退院できないということになれば、どんな患者にとっても、とてつもなく困難なプロジェクトとなってしまう。だから問題の「有無」が問題なのではなく、とりあえず、生活を脅かやかさない程度のレベルで対処でき、困ったら相談できればよいのである。

　べてるの家の古くからのメンバーで、共同住居で20年以上生活している岡本勝さんの部屋の扉には、服薬カレンダーが吊り下げられている。そこには「みなさん声をかけてください」と書いてある。本人は自分では、薬を飲むことはできない。しかし、一緒に暮らす仲間が「薬飲んだか？」と声をかけることによって、岡本さんの暮らしは成り立っている。

　その意味では、浦河では「困りごとをなくす」から「困りごとがあっても大丈夫」なように、重層的な支援が構造化されているといえる。その厚みを支えているのは医療者や支援者ではなく、2 km四方に集積した十数棟の共同住居やアパートで暮らす当事者のネットワークなのである。

『薬の物語』

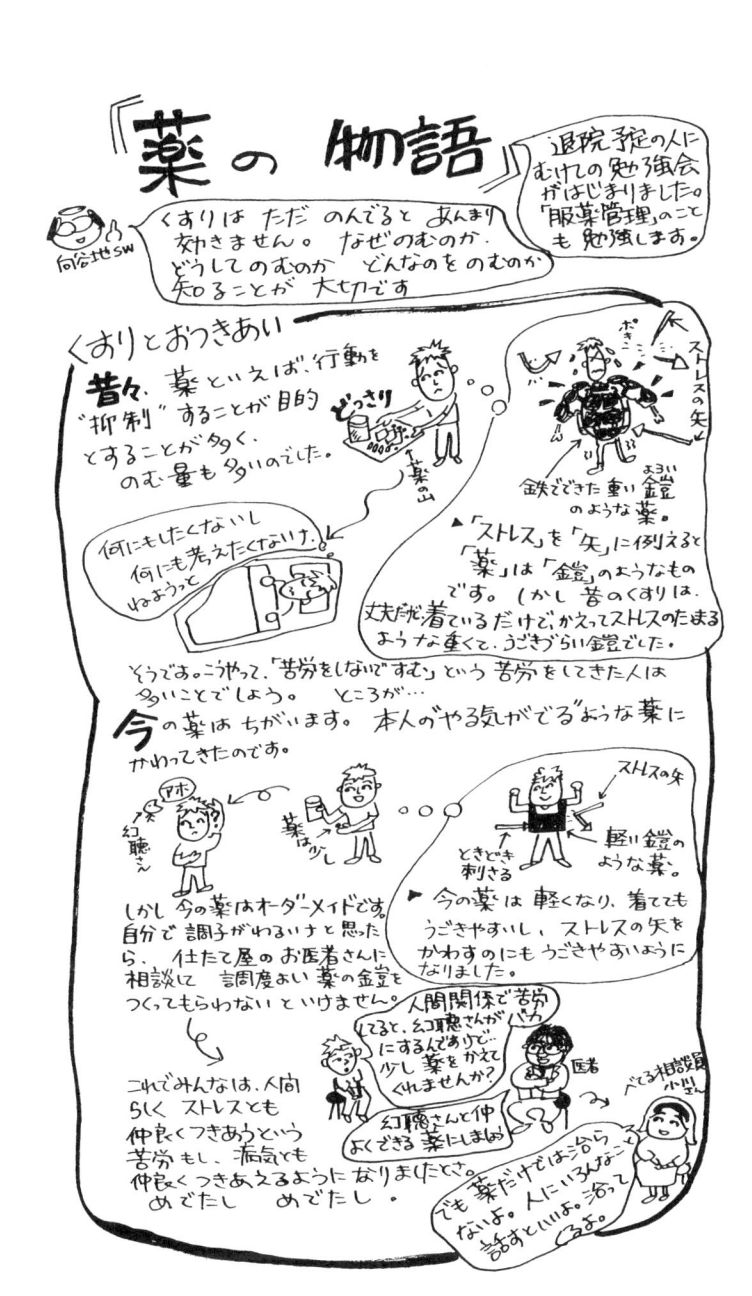

退院予定の人にむけての勉強会がはじまりました。「服薬管理」のことも勉強します。

向谷地SW：くすりはただのんでるとあんまり効きません。なぜのむのか、どうしてのむのか、どんなのをのむのか知ることが大切です

くすりとおつきあい

昔々、薬といえば、行動を"抑制"することが目的とすることが多く、のむ量も多いのでした。

どっさり／薬の山

「何にもしたくないし何にもかんがえたくない。ねようっと。」

鉄でできた重い鎧のような薬。ストレスの矢／ぐさぐさ

▶「ストレス」を「矢」に例えると「薬」は「鎧」のようなものです。しかし昔のくすりは、丈夫だが着ているだけで、かえってストレスのたまるような重くて、うごきづらい鎧でした。

そうです。こうやって、「苦労をしないですむ」という苦労をしてきた人は多いことでしょう。ところが…

今の薬はちがいます。本人の"やる気がでる"ような薬にかわってきたのです。

アホ／幻聴さん／薬は少し

ストレスの矢／軽い鎧のような薬。ときどき刺さる

▶今の薬は軽くなり、着ててもうごきやすいし、ストレスの矢をかわすのにもうごきやすいようになりました。

しかし今の薬はオーダーメイドです。自分で調子がわるいなと思ったら、仕立て屋のお医者さんに相談して調度よい薬の鎧をつくってもらわないといけません。

「人間関係で苦労してると、幻聴さんがバカにするんですけど、少し薬をかえてくれませんか？」／医者／「幻聴さんと仲よくできる薬にしましょう」／べてる相談所 小雪

これでみんなは、人間らしくストレスとも仲良くつきあうという苦労もし、病気とも仲良くつきあえるようになりましたとさ。めでたし めでたし。

「でも薬だけでは治らないよ。人にいるんなぁ～話すといいよ。治ってるよ。」

ここがポイント！ 退院支援　055

6

活躍するピアサポーター

1　"仲間"という最強の味方

　厚生労働省は、7万2000人の精神科入院患者の退院と社会復帰を図ることを目的に、2003年度から精神障害者退院促進事業を開始した。それを受けて浦河町でも、2006年12月に「自立促進支援協議会」が設置された。ここでは、退院を希望する長期精神科入院患者に対し、医療機関、行政機関、福祉施設、ピアサポーターと呼ばれる当事者が協力し合いながら退院支援をおこなっている。

　ピアサポーターとは、地域で生活しながら、自身の病気の経験を活かして、他の当事者をサポートしている人のことをいう。浦河では現在、統合失調症をもつ男女1名ずつ、計2名のピアサポーターが活動している。

　長期入院を経験してきた当事者にとって、家族や医療者とは異なった支援者の存在は、新しい生活における不安を大いに軽減してくれている。

●「退院するのが嫌になる」のが退院の第一歩

　退院を準備する人の多くは、退院後の生活について、多くの不安をもっていることはいうまでもない。

　病院内にいる時点では、つねに数多くの医療者や入院仲間に囲ま

ピアサポートの風景。

れ、援助され、また自分がいることで他の入院仲間をなんらかのかたちで支えうる関係性が存在する。病棟のなかでは、そのような安心感が日々構造的に保持されている。しかし、それがそのまま地域にスライドしていくわけではない。

　孤立無援とはならないまでも、それまでのような人とのつながりを日々実感しながら生活していくためには、それなりの努力を要し、また社会のなかで人が人に必要とされるためには必ず条件が課せられてくる。そのことに気がついたとき、退院するのが嫌になる。

　しかし、それでいいのである。そこに気づくことが「自立」への第一歩であり、退院に向けた入り口である。浦河流にいえば、「それで順調！」ということになる。

ここがポイント！　退院支援　　057

●助けることと助けられること

　浦河のピアサポーターたちは、特にはなにもしない人たちである。あれをしろ、これをしろと指図するわけでもなく、特別な専門的知識をもっているわけでもない。ただ、共にたたずみ、共に座り、共にタバコを吸い、共にラーメンをすすり、共に休み、共に世間話をするだけである。

　ピアサポーターは、ただ対象となる当事者を支援するためだけに活動するのではない。それが、自分を助けることにもなっているのである。そのことを、援助される側もわかっている。この助けられる、相談する、という関係性のうちに、相手を助けているのだということを。

　それが具体的なかたちで日々繰り返されていくことで、退院するということの意味が以前とすっかり変わってしまうくらいの大きなインパクトを当事者に与えることになるのである。

2　ピアサポーター、坂井さんの日々

　浦河保健所によると、浦河のピアサポーターの活動時間は、その長さで全国のピアサポート事業と比較しても群を抜いているそうである。

　坂井晃さんは、べてるのグループホーム「ぴあ」に入居しており、2006年からピアサポーターとして活動しているメンバーである。主に、自身が生活する住居への外泊支援をおこなっている。

●自身の病気と相談しつつ……

　坂井さん自身も統合失調症をもっているために、疲れがたまってくると、周囲に対して敏感になる「覚醒」という症状が出てしまう。しかし、それがあることで、サポートにおいてはむしろよい方

向に働いていると関係者たちは見ている。

　退院準備をしている仲間をサポートしようとするときは、ついつい代理行為過剰になってしまい、長続きせず、本人のためにもならないということが起こりがちだ。しかし坂井さんは、病気が一種のセンサーとして働くことで、非常によいバランスのもとでサポートを続けられている。

　坂井さんは、朝、誰よりも早く、ホームから歩いて5分ほどのところにある浦河赤十字病院の精神科デイケアに顔を出し、その足で精神科病棟に行って入院中の仲間と話をする。ピアサポーターとしての固定したプログラムには、週に1回の「ピアサポートミーティング」への参加と週2回の入院中の仲間への外出支援がある。

　坂井さんのおおよその日課をまとめると次のようになる。

- 毎日、精神科病棟とデイケアに顔を出し、周囲を観察したり、仲間とコミュニケーションをとったりする。
- 昼には切り上げ、自分の時間をもち、自分へのケアも忘れない。
- 毎週水曜日はピアサポートミーティングに出席し、ソーシャルワーカー、看護師、保健師、べてるスタッフ、支援を利用する仲間と情報を交換する。
- 週2回程度、入院中の仲間の外出支援（買い物、住居でのミーティング、外泊など）。
- 2週間に1回精神科外来を受診。
- 週に1回、畑などに行ってリフレッシュ。

●ピアサポーターとして大事にしていること

　坂井さんが、「ピアサポーターとして大事にしていること」と話してくれたのは、以下の5つである。

(1)　「待つ」こと。
(2)　落ち着き……引きもせず、押しもせず、右にも左にも動かされない。

ピアサポーターの坂井晃さん。

左からピアサポーターの故中山玄一さん、坂井晃さん、支援を受けている内村洋さん、横山譲さん。

(3) 根気強さ……続けること。
(4) 受容……相手との人間関係や心身のバランスを受けとめ、衝突しない。
(5) 信じる……回復を信じる。

　これらはピアサポーターとしての実践を通じて学んだことで、「相手のペースを尊重しながらも、自分のペースが乱れない人がピアサポーターに向いている」と自信をもって話してくれた。

●退院がうまくいくための条件とは

　では、坂井さんはどんなときに「この人は退院後の生活もうまくいきそうだ」という感触をもつのだろうか。その見極めのポイントは何なのだろうか。

　まず第1に、「モラルがあること」だという。つまり、きわめて日常的なレベルでの規範意識である。

　2番目は、「人とつながる力」。坂井さんが病棟に足を運ぶのも、「人とつながる力」を共有するという意味をもっている。困ったときに「困った」といえる関係がその基本となる。

　そして3番目は「やる気」だという。「退院したい」という希望をもつこと。それを持続するには誰よりも、同じく入院していた経

験のある仲間の存在が大きい。

　4番目は「金銭感覚」。入院が長ければ長い人ほど、金銭に対する感覚は麻痺しがちである。浦河では、権利擁護サービスの活用によって、この部分を補うことができる。大切なのは、上手に金銭管理できるかどうかではなく、自分の「金銭感覚」の程度を知っているかどうかである。

●ピアサポーターになってよかったこと

　ピアサポーターとして、浦河になくてはならない存在になった坂井さん。自身がピアサポーターになってよかったことを次のように話してくれた。
- 人の支え合い、コミュニケーションの大切さがわかってきた。
- 人間関係がよくなり、つながりが広がった。
- 仲間へのサポートが、結果的に自分の助け方にもつながった。

　これからは、ピアサポートを通じて経験した苦労をベースに、「ピアサポートの研究」をしたいということだった。ピアサポートの基本は、「自分の助け方の研究」にあるということを痛感した坂井さんは、疲労がたまると視野が狭くなったり、人を判別できなくなったり、不安になったりする「覚醒」という自覚症状についてもあらためて「当事者研究」を通じて取り組んでみたいと考えている。

3　37年間の入院生活を経て
横山譲さんの場合

　横山譲さん（55歳、統合失調症）は、1970年（昭和45年）から入院している長期入院患者の1人であった。退院のチャンスは何度かあった。特に2001年の病床削減にともなう退院促進プロジェクトでは、熱心に退院に向けた働きかけを受けたが、「退院」という言

葉を聞くだけで不穏状態になり、体調不良を訴えはじめ、やむなく退院希望リストから外された。そして、いつのまにか「べてるの家の活動の目標は、横山さんが退院したいというような地域をつくること」とまでいわれる象徴的な存在となった。

●自傷行為は、葛藤のシグナル

ふだんはほとんど周囲の人と交流はもたず、幻聴と妄想の世界に浸り、脈絡のない文字を身体や周囲の壁に書き込み、病室や喫煙室で1人たたずんでいる。ときおり爪を剝ぐなどの自傷行為もあり、周囲がさりげなく退院の話をしても断られつづけてきた。横山さんにとっては、病棟が唯一の安住の地となっていた。

その横山さんが、いよいよ「俺も退院したいなあ」と言いだしたのである。入院してから37年が経過していた。

横山さんが退院にいたる経緯は、次のようなものである。

まず2006年に、横山さんが外出することに関心をもちはじめているという情報が入り、自立支援事業の対象者に選ばれた。爪を剝ぐなどの自傷行為が続いていたころである。

彼の自傷行為は、彼なりに自分の将来を考えはじめ葛藤していた時期と符合する。入院仲間が次々と退院し、べてるの家の活動に参加し、その"風"が病棟にも及ぶようになっていた。主治医の川村敏明医師は回診時など折に触れて、「時代が変わったよ」と退院に向けた話題を提供しつづけてきた。

●仲間と一緒にラーメンツアー

はじめは周囲が接触することはむずかしかったが、時間が経つにつれ、保健師のような外部の人とも挨拶を交わすようになった。そんなときに登場したのが、ピアサポーターの故中山玄一さんである。

彼は、ラーメンツアー（お気に入りのラーメン屋へ数名のメンバーで行

くプログラム。事前にSSTで予測される課題を練習することもある）などの「食べること」を通じて、地域を知るプログラムを取り入れた支援をおこなうようになった。

　外出した際には、退院して地域で生活しているメンバーの活動している場所や、べてるの住居に寄るように心がけた。さらには、横山さんが退院後にどういう生活を送りたいかということを図や表にして目に見えるかたちで表した。そして、定期的に外泊の練習をし、退院予定の住居のミーティングにも可能な限り参加した。

　外泊中も看護師が「いつでも帰ってきていいよ」と伝え、それが安心感につながったようである。

　横山さんは、スタッフのなかでは、はじめかかわり方がむずかしい人と思われていた。しかし心を閉ざしていたのは、退院後の生活が不安で自分を守るためだったのだ。プログラムを通じて人に相談することを覚え、退院が決まった後は時間を経るにつれて、相談が上手になっていった。

　横山さんは「困っていることがあっても、口に出して言うことがむずかしい」という苦労をかかえていたが、そのことが少しずつ周囲に伝わるようになっていった。坂井さんの指摘にもあったように「困ったときに、困ったといえること」は、地域で暮らしていくための基本的なスキルである。そこで、スタッフたちの横山さんへの支援のポイントがそこに焦点化されていった。

●いよいよ退院!

2007年10月17日という退院日は本人が決めた。

　退院当日には、横山さんを囲んで、一緒に生活するグループホームのメンバー、主治医、看護師、ソーシャルワーカー、住居支援スタッフなどが集まり、退院カンファレンスが開催された。カンファレンスでは、37年の年月のなかでの入院中のさまざまなエピソードを振り返り、スポーツが得意だった横山さんの思い出話で盛り上

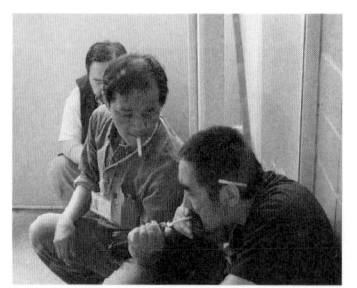

喫煙室の坂井さんと横山さん。　　　　横山さん、37年ぶりの退院の瞬間。

がった。

　このような場において大切にしていることは「苦労の先取り」である。どんな苦労が起きてくるかを、地域で暮らしているメンバーから語ってもらい、「横山さんも、いろいろな苦労が起きてくると思うけど、それで順調だからね」とエールを送るのがべてる流である。

　退院カンファレンス終了後そのまま退院となり、グループホームに看護師が同伴して無事入居した。夜には、住居のメンバーを交えて退院祝いがおこなわれた。

●「予定どおり」の再入院

　地域での生活を経験するなかで、横山さんにとっては、新しい課題が次々と見えてきた。

　まず気温の変化である。つねに一定の温度が保たれている病棟と違い、住居では自分で温度管理をしなくてはならない。横山さんは特に、冬場の過ごし方には苦労したようである。また、他の住居のメンバーが仕事などに出かけてしまう昼間は誰もいないリビングにひとりでいることが多く、寂しくなることがあったという。

　そうして3か月が経過した翌年の1月に、横山さんは再び病棟に戻ってきた。主治医である川村医師の言葉を借りれば「予定どお

り」である。
　「今度はいつ退院しますか？」と横山さんにたずねると、「桜が咲くころ」と返事が返ってきた。

支援内容記録

※記入例

対象者 氏名 横山 譲

ピアサポーター 氏名 坂井 晃

病院名 浦河赤十字病院

支援日時	平成19年6月13日（水） 14：00～16：30

支援方法	相談支援　外泊支援　<u>その他</u>（外出、ラーメン、カラオケ）

支援内容
（対象者の状況、実施状況、今後の対応等）

先週から予定されていた、ラーメンツアーとカラオケに出かけた。支援には、ピアサポーター、ソーシャルワーカー、看護師がついた。

横山さんからはじまったラーメンツアーは、すっかり病棟の他のメンバーにも人気のプログラムとなり、たくさんの人が参加した。

カラオケは、事前にみんなでSSTをして、ドリンクの注文の練習など行なった。

横山さんは宗右衛門町ブルースをうたった。

お金のことなど、心配なことは、事前に周囲に相談できていた。

横山さんは、春頃に退院を希望している。

ラーメンツアーは横山さんが退院してからも続けたい。

サイン	坂井　晃

※記入例

対象者氏名	横山　譲
生年月日	○○年○月○日
住所・連絡先	浦河町○○丁目○○番地
主たる病名 入院形態 主治医 行動範囲 現在の治療状況	統合失調症 ○○○○ 川村敏明 ○○○○ ○○○○
保護者 住所・連絡先	○○○○ ○○○○
経済状況	○○○○
合併症	○○○○

対処者の特徴
①幻聴があり、時々幻聴の言うままに自傷行為をしてしまう。
②よく壁や掲示物に文字を書く。
③外出等をする際は、事前に伝えておく必要がある。急に対処するのが難しいときがある。

プロセス
昭和45年から入院。
以前は、自動車整備の仕事をしていた。
退院のチャンスは何度かあったが、その度に本人が拒んできた。
普段は、あまり周囲と活発な交流を持たず、病室や喫煙室にたたずんでいる。
退院日が近づいてくると、体調不良をうったえることが多い。
入院してから長いため、べてるのメンバーをはじめ、仲間が多く、したわれている。

退院後の本人の目標
・仲間とつながる
・困ったときに相談する
・昼間の過ごし方を充実させる

退院までの生活で大切にしていくこと
・困ったときに相談できる
・自分の助け方を知る
・人とたくさんつながりながら、応援団をつくっていく

※記入例

入院時の状況

昭和 45 年から入院しており、在院期間は 37 年になる。
入院初期は、自助グループ活動に参加し、キャンプをしたり、スポーツをしたりしていた。
退院を本人が拒んできたことにより、病棟が唯一の安住できる場所となっている。

入院中の経過

病棟の仲間が退院していき、自分にも退院の話が及んでくると体調不良をうったえたり自傷行為をするなどの不穏状態となってきた。
近年は、ピアサポーターの訪問によって徐々に外出するようになり、退院にむけた外泊も可能になった。
現在は、住居のミーティングに参加するなど、外部と積極的に接触している。

病棟の生活の様子

〈治療に関すること〉
幻聴に言われるままに自傷行為を繰り返していたが、ソーシャルワーカーのアドバイスのもと「幻聴に爪をはげと言われて困っている」と自分で SOS を出せるようになったら自傷行為が一時止まった。

〈生活状況に関すること〉
1 日 1000 円でのやりくりに苦労している。
何事でも、困っていることを口に出して言うことが難しい。
病棟以外の仲間をつくることに今挑戦している。

〈生活目標〉
権利擁護を利用し、1 週間単位でお金が使えること。

看護師の情報、関わりで大切にしていること

外出後の気分や体調の変化を観察して気にかけている。
本人は、退院にむけてお金や住環境を気にしているが、それらを含めた心配なこと、困っていることを人に相談できる、SOS を出せるという点を注視している。

※記入例
退院支援計画

氏名　横山　譲　氏　　日時　平成19年6月6日（水）

目標　10月頃退院し、希望するグループホームに入居する

項目	長期目標	短期目標	ソーシャルスキル	ピアサポート計画	ピアサポートスキル	スタッフの役割	成　果
日中活動	・病棟患者以外の仲間をつくる	・住居のミーティングに参加する意思を言える	・住居のミーティングに参加する意思を言える	・住居のミーティングに参加する ・声かけをする ・住居に住む早坂潔さんに協力してもらう	・希望する住居の部屋を見に行こうと誘う ・SST ・ラーメンツアーに誘う	・看護師、PSWが外出支援、住居までの送迎で協力 ・ラーメンツアーの企画運営に協力	・住居のミーティングに参加できた ・見学時は「いいねー」と話していた ・デイケアの花見に参加 ・30年ぶりに外泊した
経済課題	・権利擁護事業を利用し、1週間単位でお金を使える	・お金の苦労を相談できる	・適切なところに相談に行ける	・必要以上の買い物を減らしていくようなサポートをする	・お金の苦労をミーティングで相談することをすすめる	・お金の相談を受ける ・買い物外出に協力する	・1日1000円でのやりくりに苦労している
食事	・食事サービスを利用できる	・食事会に参加できる		・少人数での食事会を企画し、声をかける	・共同住居に慣れるための食事会の食事会を企画		・外泊時にカレーを食べた
住居	・希望する住居で生活できる	・希望する住居で外出できる ・仲間の部屋に外泊（5/18）	・仲間の部屋に外泊（5/18）	・希望する住居での食事会を企画する	・べてるの支援スタッフに相談する	・外出後の体調や気分の観察	・住居は知っている仲間が多く「楽しかった」と本人

祝退院か？　また入院しても　いいからね!!

この秋、浦河赤十字病院は、2病棟ある精神科病棟のうち1を閉鎖することになり、この10月中にたっくさんの人が退院してきます。そのうちの1人に荒谷さんがいます。荒谷さんは新しくできる共同住居に入ります。でも不安でいっぱいです。

> 私ぃ〜?! 中学卒業して少し働いたの。そのあと入院したの。（荒谷さん）

> へえ 働いたことあるんだ。1年位？

> うぅん。1週間か10日ぐらい…。それで内地(本州)で2回病院かわって、次に浦河で2年入院。そしてちがう病院で13年。そのあとまた浦河赤十字病院にきて、20年。

> ふぅん、それで？

> けっきょく何年入院してたの？

> 今57才だから中学ででから 40年だ

荒谷さん　仕事はゆっくりだがていねい。しつこいけどねばり強い。退院を前に不安をみんなにきいてもらいました。

ひえ〜40年!! そりゃ不安だ。不安も語ってもらって…。

> カーテンは？ もらえるの？ ふーん。テーブルは？ それももらえるの？ 消灯時間ってあるの？ 何時？ あー ないんだぁ。おふろの時間ってあるの？ ないの。洗たくってお金入れたらうごくやつ？ あっちがうの？ 私、今までデイルームでTVみるときにタバコすってたの。いつタバコすうの？ へえ 自分のへやで好きにすうの？ ふーん。

> まくらどうするの？ 自分で買うの？ ふーん（荒谷さん）
> まくらで、まくらはどうするの？あー自分で買うんだ。

ずーとみまもられて生きてきた荒谷さんは共同住居とはいえ1人ぐらしは不安です。なので「楽しみなこと」もきいてみました。

> えとね、住居からべてるまで車でおくってもらうのがたのしみ。（…ほんの2,3kmです） 不安だけど、1人でやっていくのはたのしみ。みんなの世話になるけど、入院中とはまたちがう生活になるのはたのしみ…。年とってきてボケてきたのも不安だけどねぇ〜。外でやってくのもたのしみだぁ。（荒谷さん）

> 退院したらお茶のみにいってもいい？
> → えー 何もないョー 電気ポットでお茶わかしたい!
> うん そう
> → えー 電気代がかかるョー
> じゃ お茶もってくョ。ケーキも
> わかった。 まってるョ

やっぱり不安な荒谷さんでしたが…

> あのね、15日退院予定だけど、18日ぐらいに再入院の院も入れとこうか？
> いいぁ

祝退院!! といいつつ元気になりました。

7

どんなサービスが必要か

1　退院準備のための外出・外泊

　病棟には毎週末、集団での外出プログラムがある。病棟で生活するうえでも衣類や日用品等が必要なため、外出日の前日にSSTをして、買い物などに出かける。

●共同住居に外泊用の部屋を確保

　外出の意義は、患者さんによって異なってくる。外に出られるということが目標の人もいれば、より具体的なソーシャルスキルを身につけるということが目標の人もいる。だから看護師やソーシャルワーカーは、プログラムごとにそれぞれ異なった意味づけをしながら、プログラムを進めていく。

　病棟から外出した際には、できるだけべてるの作業所や住居に立ち寄り、退院後の自分の生活をイメージしたり、すでに地域で生活しているメンバーから話を聞いたりできる機会をつくっている。べてるの作業所への見学ツアーを別に企画することもある。地域で活動している当事者と出会うことで、自分のなかに新しいニーズが喚起され、退院に向けた取り組みの内容がより豊かなものになる。

　べてるの共同住居には、退院準備の一環として、外泊をする部屋がいくつか用意されている。ピアサポーターの支援を受けている患

者が外泊を希望する場合なら、ピアサポーターに付き添われて外泊先の住居に出かけ、夕方の住居ミーティングに参加し、みんなで食卓を囲み、宿泊する。翌朝には病棟に戻り、看護師に報告する。

外泊・外出を含めた一連のピアサポートは、毎週開かれるピアサポートミーティングで、医師、看護師、ソーシャルワーカー、保健師、べてるスタッフ、ピアサポーター、サポートを利用している本人を交えて振り返りがおこなわれている。

実際に地域で生活している人たちに触れるような外泊を定期的におこなうことによって、少しずつ退院への不安を解消していったり、対処していくべき課題を浮き彫りにしていくことができ、当事者が生活の見通しをもてるようになるようだ。

● 「行きづまってます」と言えるかどうか

では看護師やソーシャルワーカーは、そのようなときに何を見ているのか。主に、当事者の「相談のしかた」や「自分の助け方」である。

横山さんの外出。外泊のために、準備としてスーパーで買い物をしているところ。

まちでくらしていくために……
SOSの旗をふる練習

前号でもお知らせしたように、今月中に たっくさんの仲間たちが 退院してきて、まちでくらすことになりました。そこで より安心な生活が おくれるように、今から「調子がわるくなると…」というテーマで 自己ピーアール することにしました。

荻野さん

> 調子が良くて退院しても、"必ず"また 調子が悪くなるときがきます。そのときに 自分自身も そして 周りの人も あわてないために 今のうちに情報公開しましょう!!

SOS旗

テーマ
① どんなときに 調子が悪くなるのか
② どんなふうに 調子が悪くなるのか
③ 調子が悪くなったら、周りの人にどうしてほしいのか

荒谷さん、10月25日 ごろ退院予定。(入院歴40年)

> 入院してたから あんまり 悪くなったことない…。でもたぶん "ねていたい ような気がする" かもしれない。もし わるくなったら べてるに でんわするヨ

斎とうです。ぼくは分裂病と ウツです。ウツがひどくな ると ねこんで、人と会うの が おっくうになる。ひきこもる んだけど 周りの人には ほっといて もらいたい。そのうち 気がすんだら でてくるから。

そろそろ退院か？斎とうくん。入退院をくりかえしてまーす

オレ？ むかーし 前の病院 では、調子わるいとケンカ して、その度に 電気ショックされた。調子悪くなると 気嫌が悪くなる。

石井さん 2ヶ月前 に退院

> 知ってる～。すぐおこるし、どなし。どーすればいいの？ そんなときは!! いつも こまっている みんな

なぐさめてほしいっ!!

依存系自分の コントロール障害 であぁ かよちゃん

> 私は 思いがうまく 伝えられないとき 調子わるくなります。ひきこもったり、あばれたり 夜オバケがでたり?! します。メッセージを うまく伝え られれば よくなるので 誰かにきいてもらえれ ばいいです。

オレは 分裂病と 被害妄想。ほとんど 一年中 悪いから、どんなときも わるい。あばれて 周りに 被害を およぼす。

下野くん ハア ゲッソリ

> そうだ 窓わったり、皿なげたり…

どうしてほしいかは、"何もなかった ように、接してほしい"

> 窓われてるのに 何もなかったようと?!

みんな うまくSOSの 出し方を 言えたと思い ます。お互い助け合おう！

挑発されたり、何か言われると もっと ヤクザに なってしまう

早坂さん

> オレはもう丸2年 発作おきてない。調子がわるい方が昆布売れるんだけどよ～。

うーん なるほど。やっぱり 見てるだけ にするか…

ここがポイント！ 退院支援　073

長期の入院をしているなかで生活感が薄れ、体調の好不調を訴える以外の困りごとが内在化してしまい、「困りごとを相談できることが大事」であることを実感しにくくなっている人が多くいる。

その意味では、退院後、薬がしっかり飲めて、お金や食事の苦労もなく、症状の自己管理ができているという、一見して「マル」ばかりを積み重ねているような退院支援の心理教育プログラムは、長い目で見ると長続きしないことが多い。逆に、現実の苦労と出会い、悩み、人と一緒に考えたり、行きづまりに対して「いま、行きづまってます」といえる弱さや苦労を絆にした、人と人とのつながりを辛抱強く育てることが大切になってくるのである。

2　さまざまな形の住居支援

2001年の退院促進で退院したメンバーや、長期入院を経て退院する当事者のほとんどは、べてるの住居支援を活用して地域で生活している。年金、生活保護、仕送りなどで生活している人もいれば、べてるの家や関連会社で働いて生活費を稼いでいる人もいる。

近年は民間の賃貸住宅で生活するメンバーも増え、アパート1棟まるごとべてるのメンバーが居住し、実質的に共同住居となっているところもある。

●自治が基本

各住居では毎週住居ミーティングが開かれ、1週間のよかったこと、苦労していること、生活上の課題などを話し合う。住居における規則などは入居者たち自身で決め、自治を基本としている。よって、女性だけで暮らしている住居では、男性の出入りを遠慮してもらっているところもあれば、住居で実質的な「同棲」生活をしている人もいて、暮らしのルールはさまざまである。

べてるの家が運営しているグループホームでは1棟に1人ずつ

支援のスタッフ（世話人）がつき、食事をはじめとした生活支援が提供されている。共同住居では基本的に各自で自炊をしているが、利用者の必要に応じて、ホームヘルプサービスを利用する高齢のメンバーも多くいる。

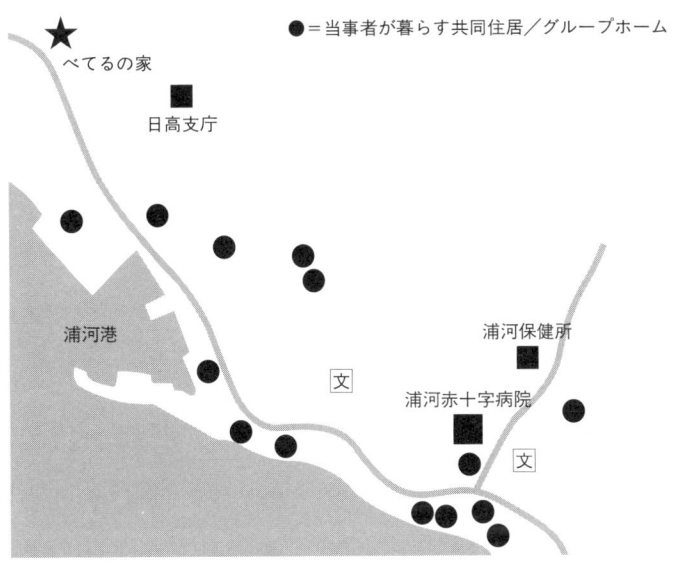

●＝当事者が暮らす共同住居／グループホーム

浦河の町内には、当事者の共同住居が点在している。

リカハウス。

べてるセミナーハウス。

ここがポイント！ 退院支援

●ゴミの分別に苦戦

地域で暮らすなかで当事者がいちばん苦労していることは、意外なことに、ゴミの分別である。浦河町のゴミ回収は有料であり、分別もとても複雑だ。分類やゴミ出しの曜日を間違ったりするトラブルを解消するために、べてるの家でゴミの回収事業を立ち上げ（環境事業部）、メンバーが仕事のひとつとして、トラックで各住居のゴミ回収をおこない、一括で分別し、処分するというサービスをおこなっている。その過程で出された不要になった家財道具はストックしてあり、退院を予定しているメンバーは当面の家具などをそこから調達することができる。

3　当事者ニーズにもとづいたサービスを

●恋愛や子育てに関するメニューも

浦河では、当事者が主体となってつくられた会社（有限会社「福祉ショップべてる」）や、むじゅん社などの当事者就労グループ、NPO法人セルフサポートセンター浦河、回復者クラブどんぐりの会、SA（統合失調症当事者の会）、AA（アルコール依存症者の会）、家族会などの各種グループが活発に活動している。

それぞれのグループでは、当事者のニーズにもとづいた多彩なメニューが用意されている。たとえば最近はカップルが多くなっているので、「恋愛」や「子育て」に関するメニューが充実している。カップルを対象とした「ハートミーティング」では、保健所の保健師などを講師に招き、避妊や性病に関する学習をおこなっている。

また子育てをする当事者への育児支援の要となる「浦河保健所管内児童虐待防止ネットワーク」は、精神障害をかかえながら地域で家族と共に暮らす当事者に起こりがちな育児困難や、子育ての苦労

という切実な現実から生まれた。この問題は、地域で精神障害をもつ当事者が暮らすことがあたりまえになったときに生まれた新たなテーマである。

　子育ての苦労は、"失敗"として理解されるのではなく、あくまで障害をかかえながら暮らそうとする家族や当事者の「ニーズ」としてとらえられなければならない。SOSを出すことも、児童相談所に一時保護をお願いすることも恥じることではなく、当事者が主体的に支援ネットワークを活用し、家族の再構成に向けた歩みであり、それを励まし、応援することから支援ははじまるのである。

　そんな当事者たちの自助活動である「あじさいクラブ」では、ソーシャルワーカーや子育て経験のある主婦も参加して、子どもやパートナーとの日常的なコミュニケーションスキルの獲得に向けた実践的なプログラムを展開している。

●地域権利擁護事業を最大限活用

　浦河における精神障害者への地域生活支援の特徴として、地域権利擁護事業の利用者数の多いことがあげられる。浦河の地域権利擁護事業は利用者の人気も高く、その数は人口1万5000人の浦河で40人を超えており、実数においても180万都市の札幌市より多い。

　権利擁護事業、ホームヘルプサービス、訪問看護などのサービスやプログラムを充実させることによって、従来、地域生活が困難だと考えられていた精神障害をもつ当事者たちが、サービスを積極的に活用することで地域で暮らすことが可能になった。共同住居で暮らしながらも、まもなく引きこもりがちになり、服薬も怠りがちとなって再入院するということを繰り返していた当事者が、権利擁護サービスによる金銭管理等の支援を受けることによって生活基盤が安定し、症状に対する自己管理も安定していったという例もある。

　ここでも、金銭管理がうまくいかないという状況を"問題"としてとらえるのではなく、あくまでそれを"当事者のニーズ"として

とらえることが大切になる。そして、当事者自身がみずからサービスを利用するように働きかけをするのである。

●24時間対応、いつでも、どこでも、どこまでも

　浦河の精神保健福祉活動を支えるスタッフの構成は、浦河赤十字病院の精神科医2名、病棟看護師が約20名、病院のソーシャルワーカーが4名、訪問看護師が4名配置されている。そのほか、べてるの生活支援スタッフ（看護師1名、精神保健福祉士2名を含む）が約15名、保健所、役場保健師、ホームヘルパーなどがいる。

　浦河赤十字病院では、精神科救急医療システムが導入される以前から、実質的な24時間の精神科救急対応が機能してきた。地域の基幹病院として一般の救急医療の延長上で、初期対応は当番の医師が対応し、病状に応じて専門医にバトンタッチするという体制である。必要と判断されれば夜間でも精神科医が対応する。

　地域で起きる危機介入を要するような事例に対しては、ソーシャルワーカーや保健師がべてるの家のスタッフとの連携のもとに初期対応をする。

　地域で暮らす当事者は、夜間でも常時、相談や連絡ができるようになっている。主治医、ソーシャルワーカー、べてるスタッフの携帯電話番号や連絡先が公開されており、いつでもアクセスできる体制が保証されている。だからといって、スタッフが夜寝る間もなく対応に追われるということは起きていない。むしろ、いつでも連絡がとれるということが当事者に安心感を与えるようだ。

　ただそれ以上に、当事者同士の縦横に張り巡らされた実質的な支え合いのネットワークが、24時間対応を可能にしている。「いつでも相談できる」と考えただけで不安が半分に減るというほど、24時間対応は地域で暮らす当事者の生活支援にとって必要不可欠のものである。

8

地域移行、成功のカギとは

1 「それで順調!」といってみる

　地域移行に際して求められる能力は、一般的に次のようなものだろう。
　(1) 服薬の大切さを理解し、副作用からくる薬剤性症状についても対処できる力。
　(2) 地域で暮らすために求められる生活上の決まり（ゴミ出しなど）などを知り、対応できる力。
　(3) 金銭管理や社会資源（年金、生活保護、訪問看護など）を活用するための知識や情報を理解し対応できる力。
　これらはたしかに大切であるが、当事者にとってなにより必要なのは「自分の危機状態を把握して仲間や関係者に相談できるスキル」を身につけることである。
　さらに、単にできなかったことができるようになること以上に大切なのは、これまでの経験から起きるであろう自分固有の苦労やリスクを共有し、「これらの行きづまりや苦労が起きるかもしれないが、それで順調」といってくれる仲間の連帯の姿勢なのである。そのような基本的な信頼が共有されてこそ、SSTなどのアクションメソッドは、現実感を得ると同時に、その効力感を増していく。
　2001年の退院支援プロジェクトでは、退院支援のプログラムが

活発になっていくにしたがって、病棟の空気が変化していった。それにともなって、「絶対退院したくありません」「一生病院においてください」と懇願していた人たちでも、退院に取り組む仲間に影響されて次第に興味を示しはじめ、プログラムに参加してくるようになった。

SSTなどのプログラムは、単に課題を練習するということに留まるのではなく、そうした"熱"や"風"を伝えていくという点においても非常に有効なのである。

2 偏見や差別とはたたかわない

従来、行政や精神保健を担う医療機関は、「地域には精神障害者に対する誤解や偏見が渦巻いている」と考え、啓発活動にエネルギーを割いてきた。

しかし浦河では、あえて地域に対するその種の働きかけをしなかった。「病気に対する正しい知識を勉強すれば住民の不安は解消される」という見方をしなかったのである。

それにかわって一貫しておこなってきたのは、精神障害をもつ当事者が、子どもたちのための「木のおもちゃ展」を地域の人たちと一緒に開催したり、農漁村の人びとの暮らしをテーマにしたミュージカルを企画したり、町の教育委員会と連携して教育や防災といった町づくりを共に考えるフォーラムを開いたりと、地域の活性化に向けた活動である。

「地域の人たちは、誤解や偏見をもっている」という見方そのものが、じつは地域の人たちへの「誤解や偏見」である。それらの誤解や偏見は、日常的に治療や相談支援をしている立場の人間のなかにも、そして当事者や家族のなかにも往々にして存在することが多いのだ。

しかし、本来的に「理解」とは「出会い」なのであり、出会いな

仲間の退院と新しい共同住居の設立のために、地元4丁目自治会で話をする清水里香さん。

くしては理解はありえない。その理解とは、「精神障害」に向けられるものではなく、相手と自分自身との関係とつながりの深まりのなかに成立するものなのである。

3 「何をするか」から「何をしないか」へ

　浦河における地域精神保健福祉活動の経験から得られた教訓とは、単に支援する側のスタッフが重装備をして地域に繰り出し、当事者を地域に送りだしても、かつて医療の現場が陥っていた過剰な管理と代理行為を、ふたたび地域で繰り返すことになるだけだということである。

　また、当事者たちが地域で生活をはじめることによって、いかにも医療の役割が終わったかのような認識に至ることがあるが、地域は、医療現場以上に矛盾と困難に満ちた現実が待ち受けている場でもある。その意味で、地域生活支援のネットワークや社会資源は、地域で暮らす当事者の生きたニーズによって引き出され、育て上げられてこそ、生きたものとなる。

それらが本当に役立つものとなるためには、専門家はわきまえをもち、慎ましくなければならない。

当事者自身が、現実を生き抜く苦労の主人公となること、専門家はその権利を奪わないこと、邪魔をしないことを基本的な治療や援助の立ち位置としてきたところに、浦河の精神保健活動の真髄がある。「何をするか」から「何をしないか」という非援助の援助という態度を重んじてきたのである。

4　人生いろいろ、退院もいろいろ

退院のしかたにも、人それぞれ個性がある。

2001年の退院支援プロジェクトのとき、最後まで退院に抵抗したのが本田幹夫さんである。彼は、病棟が閉鎖されるその日まで、誰もいなくなった病棟でポツンと1人でいた。調子が悪くなると悪魔の妄想にとりつかれる本田さんは、入院中はほとんど寝たきりで過ごし、退院しても引きこもることになるだろうと本人も予想していた。

しかし、しぶしぶ入居した共同住居では、仲間とすぐに打ち解け、意外にもひきこもらずに外に出るようになった。現在ではべてるでゴミ収集の仕事をはじめ、NPO法人の事務局長を務めている。

「入院中はなにもかもあきらめていたけど、退院したら友達もできて、意外と外に出られた」と本人は話す。現在は服薬も生活も安定しており、悪魔もこなくなったという。

「前は悪魔が来て、地球を救うのに大変だった。だけど、充実感もすごくあって、選ばれたヒーローになってたから、平穏になったいまは少し寂しい」と、病気の真最中だったころを振り返る。

同じ年に、40年の入院生活を経て退院した荒谷セツさんは、いざ退院となると、病院においてくれるよう何度も懇願し、他の精神

病院へみずから受け入れを要請するなどしていた。40年間病院の中だけで生活していたのであるから、あたりまえである。

　そんななか、定期的に共同住居のミーティングに参加したり、自分の苦労を語ったり、一緒に食事をしたり、自分の好きな家具を買いそろえたりしていくことで、次第に病院の外へ心が向いていった。

　とはいえ、退院後は困難の連続であった。食事を自分でつくれない、交差点でどの信号機を見ればいいかわからない、震度6弱の地震がきて津波警報が発令されても逃げられない……。それでも、退院から6年以上経ったいまは、なんとか仲間に支えられながら共同住居で楽しく暮らしている。

　本人がそれと気づかぬまま、いつのまにか退院してしまった人もいる。現在、グループホーム「ぴあ」で生活する水野琢磨さんは、入院中からこの住居に定期的な外泊を続けていた。外泊を1日、2日……と続けているうちに、いつのまにかそのまま退院してしまったのである。浦河ではいつしか「水野式」と呼ばれるようになった退院のパターンである。

　「退院しているか、入院しているかは、病院に帰って寝るか、家に帰って寝るかという程度の違いでしかない」

　これは浦河のある当事者の言葉だ。たしかにそうともいえる。また別の当事者は、見学者に浦河を紹介するとき「この町は、全体が病棟のようなものです」といった。

　この町で暮らす、退院していくということは、特別大げさなことではなく、「どこで寝るか」という違いでしかないという認識の人がけっこういるということだろう。

　水野さんは、病棟を出て1年以上が経過した現在も、デイケアやべてるに通いながら、グループホームで生活を続けている。

第II部
読むDVD 紙上完全再録

「メニュー」あるいは「ルートメニュー」ボタンを押すと、メニュー画面を見ることができます。

I 130床から60床へ

[00.12]

●海辺を走る日高本線
T（＝テロップ）　北海道　浦河町
●雪道から病院外観へ
N（＝ナレーション）　人口1万4000人余りの太平洋岸に面した昆布と競走馬で有名な小さな町、北海道浦河町にある浦河赤十字病院です。
T　浦河赤十字病院
N　浦河赤十字病院の精神科では、2001年に、130床あったベッドを1年で60床に減らすという取り組みをしました。

▶▶インタビュー（川村敏明さん）

　2001年に、総合病院が精神科を併設しても経営がむずかしくなって、ベッド削減を経営的にせざるを得ないようなことが私たちの病院にも起きた。私たちは赤十字病院だから、他の赤十字病院がどういうやり方で同じようなベッド削減を進めたかということで、いろいろ参考になることはあった。けれども、ここで、僕らの病院でベッド削減しようとするときに、130ベッドを60ベッドにするっていう計画だったんだけれども、ここはもう田舎の、まわりに精神科がない、そういう意味ではちょっと特殊な状況ですよ。

　普通ここでベッド削減っていうときに、よその病院に転院する。ある程度は退院できても、ほとんどの人たちが転院するっていうのが、一般的なベッド削減のときに起きる現象です。けれども、この田舎から他の遠くの町の病院に転院してしまったら、まずね、その人の運命が、人生のこれからが、将来が消えてしまうっていうようなね。病院にとってはベッド削減だけども、患者さんにとっては、それこそ人生がかかってるっていうくらいの大きな問題がある。病院は経営って立場だけど、患者さんの立場はもっと違ってた。もっと大きいし、深い課題がそこにある。

T　当事者にとって地域で暮らすことが一番良い選択だと判断した

　きのうまでは「あなたの今後の将来のために、退院に向けてがんばりましょう」って言ってた人が、もう遠くの町にやって「あなたは一生もう諦めてください」と言うことと同じですよ。島流しですもん。そんなベッド削減計画なんか、もう絶対させないと。これはもう治療者としての裏切りだと。僕らも、望まない転院は1人もさせないという、そういうベッド削減計画をやると。

　結果として、他の病院に病院の都合で移した人はいない。老人グループホームだとか、他の施設だとかはちょっと管内を越えて行った人もいるけど、それだって本人と暮らしぶりをちゃんと話して、こういうところがあるよって紹介していった人はいるけども、基本的には、この町で退院した人がほとんどの人だったんですよ。

●車窓から雪の町
T　33人の患者さんが浦河町に退院した
N　2001年、浦河町に33人の患者さんが退院していきました。多くの患者さんが町へ退院できたのは、すでに浦河で暮らしていた当事者の皆さんの力が大きかったそうです。
●グループホームの前
N　今から25年前、精神科を退院した患者さんが、住む場所がなくて使われていなかった古い教会に暮らし始めたのが、そもそもの始まりでした。
T　現在はグループホームになっている
●調理する世話人
T　グループホームの世話人　松本久美さん
N　現在は、専従の世話人が朝食と夕食をつくってくれています。食事ができると専用の棚に置かれ、好きな時間にそれぞれが食べるようになっています。
●食卓風景
T　佐々木実さんと服部洋子さん
N　25年前から暮らしている佐々木実さんは、いつも晩酌付きです。
T　24年前からここで暮らしている早坂潔さん
N　町で暮らしている当事者の経験が、たくさんの患者さんの退院を支えたのでした。

▶▶インタビュー（川村敏明さん）
　たくさんの退院者が、実は退院に向けてさまざまな苦労をし、現在もどういう苦労をしていて、その苦労は何もマイナスのことじゃないんだっていうこと。逆に言えば苦労しながらもこういうふうにやってるよっていう、そこには退院した人たちの、先行く仲間の知恵がいっぱいあるんですよ。
　そういうことをふんだんに、常時活用するような、そういうサポートシステムが地域全体として用意されているかどうか。ピアサポーターっていう人たちもいるけど、浦河なんか全員ピアサポーターですよ、言ってみれば。仲間の力っていうのを、もう日常的な言葉として僕らは聞きますもん。その言葉を逆に使えない人たちは、あ、ちょっと遅れてるな、とか仲間から外れてるんだなと思う。
　それから、本当に暮らしということを考えたときに、これは健常者とか障害者とかそういう区別なく、やっぱり暮らしというのは助け合いながらやってるもんだっていう、それは基本ですよね。特に精神障害という課題をもった人たちが、暮らしていくための不可欠の要素として、特有なテーマはやっぱりあるんですよ。そりゃ病名も知らなかったって人たちが多かったんですから。病名も知らない、自分の病気の中身を理解してない。薬の必要性も、仲間の必要性も。「友達がいないと退院できないよ」って、退院した仲間が入院してる人たちに言った言葉の重みは僕は大きいと思います。
T　友達がいないと退院できない
　「薬は何のために飲んでるかわかってないと、薬は必ず中断しちゃうよ」とか、「SOSの出し方知らないと、タイミング間違うとSOS出せなくなるんだわ」「どこでSOS出せばいいかをちゃんと自分なりに、やっぱり練習しておいたほう

がいい」。「眠れなくなってきたらかい？」とか、「外に出れなくなったらかい？」とか、「出れなくなったらSOSむずかしいよなぁ」とか。

　そういう非常に具体的な練習をして、治療者がする治療的なアドバイスと全然違った、まさに体験者だからこそ言える、実感が伝わる仲間からのアドバイスがあった。

● 絶不調の潔さん
T　べてるのスタッフ　早坂史緒さん
早坂(史)　大丈夫なの、潔さん？
早坂(潔)　大丈夫でない、大丈夫でない。
松本　2泊3日だから……。
早坂(潔)　大丈夫でない。
N　この日、胃カメラを飲んだ早坂さんは、カメラという言葉に過剰に反応して撮影のカメラに怯えて、どんどん不安になっていきました。
松本　潔さん、パンツとシャツと2泊分の……。
早坂(潔)　薬飲む。
松本　飲んできたからいいの、もう。飲んできたっしょ？　今。夕食後の薬。あと寝る前の薬をね。今から飲んだら早いっしょ？　もうちょっとしてから飲んだほうがいいんじゃないだろうか。潔さんどう思う？
早坂(史)　潔さんどうする、講演？　行く？　行かない？
T　早坂さんは　翌朝早く宮崎講演へ出発することになっていた
松本　とりあえず用意だけするか。
早坂(史)　先生に相談してみて。
T　川村先生にSOSの電話をかけた

早坂(潔)　早坂潔です。捕まりそうな感じするんだぁ。なんか悪いことして捕まりそうな感じする。うん、震えて。うん、うん、薬、はい。薬、あれ!?　早坂さん、史緒さん、俺……。
早坂(史)　なに？
N　早坂さんは具合が悪くなると、長いつきあいになる川村先生に、気軽に電話をします。
(早坂潔さんにかわって早坂史緒さんが電話に出る)
早坂(史)　もしもし。あっ、わかりました。そしたら用意だけしときますね。はいはい。うん、なんかねえ、話したり、今、今日一日胃カメラ飲んでお腹空いたのもあって、今エネルギー補給したので、明日の朝になったら。そうですね。用意だけしときますので。はぁい、お願いします。
T　結局　早坂さんは宮崎行きを中止し休息入院をした
● 雪の浦河港
N　現在、浦河町には4つのグループホームと9つの共同住居があり、一般のアパートに暮らす人もあわせると、100人以上の当事者が暮らしています。
● 訪問看護師の廣瀬さんがグループホームを訪ねる
T　グループホームべてるの家
廣瀬　今日べてる行ってて早く帰ってきたの？
岡本　うん。
廣瀬　ふーん、何時に帰ってきた？
岡本　……。
廣瀬　ふーん、調子悪い？
T　15年前から暮らしている岡本勝さ

ん

N　グループホームべてるの家では、メンバーの高齢化が進み、健康管理のために週に1回、訪問看護師がやってきます。

T　浦河赤十字病院訪問看護ステーション　訪問看護師　廣瀬利津子さん

廣瀬　どこ調子悪い？
岡本　どこって、考えたらわかるべや。
廣瀬　へへへ、わかんないんだわ。
廣瀬　頭具合悪いの？……頭具合悪いですか？　重たいの？
岡本　うん。
廣瀬　痛くはない？
岡本　うん。
廣瀬　吐き気とかは？
岡本　ねえ。
廣瀬　吐き気しない？
岡本　うん。
廣瀬　ふーん。

●石井さんと廣瀬看護師

T　10年前から暮らしている石井健さん

廣瀬　寒いの？
石井　寒い。
廣瀬　そんなに寒いの？　ううん？

●廣瀬さんと話をする佐々木栄喜さん

T　佐々木栄喜さんは5年前に入居した
N　佐々木栄喜さんの場合は、毎回、ゆっくり話を聞いてもらっています。廣瀬さんと話すと、栄喜さんはとても落ち着くのだそうです。

●薬カレンダー

N　廣瀬さんは、薬の管理にも目を配っています。長年、グループホームに暮らしながら、薬の手伝いの必要なメンバーもいます。

▶▶▶インタビュー（廣瀬利律子さん）

T　訪問看護師　廣瀬利津子さん

廣瀬　もう岡本さんなんて全く自覚ないから。薬も自分ではあえて飲まないです。

——それでみんなで声を掛けましょうみたいなことになってるんですね？

廣瀬　なってるんですけどね、朝は作業所（就労サポートセンターニューべてる）へ行ってお小遣いをもらうんです。一日1000円とかって決まってて。お金をやっぱり本人取りに行くので、そのときに薬を飲ましてもらうとか。

T　朝のクスリの管理は　ニューべてるのスタッフがしている

——朝はそしたら作業所で？

廣瀬　月曜から金曜まではね。だから土日分が残る。

——そういうことなのね。

廣瀬　うん。で、夕は支援の人がいるときにお膳に乗せてもらって、飲ましてもらってるっていう。だから、まあ、自分で何かこう薬飲んで多少でもコントロールするとか、そういう意識は岡本さんのなかにはないから。なんか今がよければいい。

——でも岡本さん倒れたとき、退院できないじゃないかなって私思ってたんですけど。

T　岡本さんは2005年に脳梗塞で倒れて入院した

廣瀬　そうですね、ただ、冬でもなんでも毎日リハビリみたくして、作業所に行くのがリハビリになってると思う。

――歩いて？

T　右マヒが残り足を引きずりながら歩いている

廣瀬　寒いとこっちもう心配なんだけども、でもいい歩行練習になってんのかなって。

T　グループホームからニューべてるまで徒歩で20分かかる

――そうですね、歩くんですもんね、いつも。

廣瀬　きっとお金欲しさに歩いてるっていうの？　うん、別に本人はリハビリのつもりとかっていうふうには思ってはいないけど、自然にリハビリになってるんだろうなって。

●岡本さんの部屋を訪ねる廣瀬さん

廣瀬　岡本さーん。岡本さーん？

岡本　はい。

廣瀬　これ洗濯物かい？

岡本　そう。

廣瀬　いっぱいあるね。

岡本　明日やろうと思ってたの。

廣瀬　洗濯機かけて行ったら干すかい？

岡本　うん。

廣瀬　自分で干す？

岡本　うん。

廣瀬　わかった。

●松本さんの食事づくり

松本　今日のお味噌汁の具。何にしようかなあ。

N　食事は、塩分を控えめにした野菜中心のメニューです。

松本　……ヨシさんが米といで炊くから。

T　メンバーの高橋吉仁さんがいつもご飯を炊いてくれる

――ヨシさんマメですもんね、そういうのね。

廣瀬　他みたく空っぽになってるときがないんだ？　きっと。

松本　ない。いっつも必ずどっちかあるか、2つある。

T　いつも　ほかほかのご飯が　炊けている

廣瀬　へえー。

松本　食べ放題。

廣瀬　確かにご飯だけあれば、何でも食べれる。

T　昼食のおかずは自分で用意するがご飯はいつも食べ放題

松本　滝さん、ソースかけて食べてる。マヨネーズはごちそう。かつお節もごちそう。

廣瀬　ふーん。

▶▶インタビュー（向谷地生良さん）

T　ソーシャルワーカー　向谷地生良さん

　いちばん大変だったのは住居の確保なんですね。これは行政に対して、役場に対しても、今こういうプロジェクト始めてますとか、地域に対しても、今こういう計画を立ててますというふうに伝えたときに、地域のほうから逆にうちの下宿使ってもいいよとか、ここ空いてるよとかそういう話が逆に地域から情報が寄せられて、住居の確保がどんどん進んでいったということがありますね。

T　おざき荘は　高校生向けの下宿で当時はほとんど入居者が居なかった

　そういう意味では地域で眠っている資

源が有効活用されて、空いてた下宿が活用されてちゃんとそこに家賃という形で大家さんにも還元されるわけですよね。そういう意味では少しは地域のためにお役に立てたかなという感じがしますね。
T　住居を確保することで　地域に貢献できた

●共同住居リカハウス
N　共同住居リカハウスです。2001年の病床削減のときに最後の最後まで退院を拒んでいたメンバーが2人、暮らしています。メンバーは女性ばかり5人。それぞれの個室とゆったりとした共有スペースがあります。

●荒谷セツさんの部屋
——片づいてますねえ。
荒谷　うーん。
——すっごいテレビ持ってるね。……冷蔵庫もあるし、テレビもあるし。
荒谷　うん、うん。
T　荒谷セツさん（入院歴40年）
荒谷　私、食事つくれないんだよね。だから大変なんだよね。ラーメンとか入ってるんですよね。下はお菓子とか入ってます。下はお菓子とか。
N　お料理のできない荒谷さんは、カップ麺やお菓子を買いだめしています。

▶▶インタビュー（向谷地生良さん）
T　荒谷さんは　絶対に退院しないと言っていた
　絶対退院しないって言ってた。もう、近隣の病院に電話かけまくって、お願いですから私を入院させてくださいって言ってですね。そういうことまでやった彼女がね、やっぱり退院していった仲間達が自分たちのところに足を運んで、退院したらこういうことができるよ、こういう生活してるよっていう、そういう働きかけに少しずつ心を開いてきて、退院してみようかなっていう気になった。

●荒谷さん、ヘルパーと買い物
T　浦河町社会福祉協議会　ヘルパー佐藤明日香さん
ヘルパー　荒谷さん。ヘルパーの佐藤です、こんにちは。
荒谷　はい。
ヘルパー　こんにちはー。3時になったらお買い物行きます。
——今日はどこまで行くんですか、お買い物？
荒谷　東町の生協。車で行くんですよ。
T　荒谷さんは　同じ住居に住む伊藤さんから買い物を頼まれた
伊藤　セッちゃんどうもね。待ってるからね。
荒谷　なかったらいいっしょ？
伊藤　うん、なかったらいい。
荒谷　牛乳も、頼まれてる、2本。
ヘルパー　はい書いてます、メモに。牛乳とリンゴと、バナナと。
荒谷　バナナと。
N　荒谷さんは週に4日、1時間ずつ、ヘルパーさんに来てもらい、食事や掃除、入浴、買い物の援助を受けています。
T　月曜日　食事と掃除
　　火曜日　入浴
　　木曜日　買い物
　　金曜日　食事と掃除

N　2回分の料理のメニューを考えて、買い物のメモをつくり、1週間分の買い物をします。
荒谷　ホタテかサーモンにしよっか。明日サーモンにして。月曜サーモンかホタテって書いたんだけど、ホタテないから。
T　荒谷さんはお刺身や筋子を食べるのを楽しみにしている
N　もちろん、たくさんのお菓子やアイスクリームも買います。

●浜長さんと熟年クラブのメンバー
T　最後まで退院を拒んでいた浜長あやえさん（入院歴30年）
――浦河来ても浜長さん全然見かけないから、どうしてるのかなあと思って。
浜長　引きこもってる。
T　伊藤和子さん
伊藤　鍋洗わなくてもよかったのに、どうもありがとう。
N　以前は昆布作業の中心メンバーだった浜長さんは、体力が衰えてきて、ソファーに横になって、テレビを見ていることが多くなりました。
T　熟年クラブのメンバー
メンバー　待ったっしょ。ごめんね、今日ね、スタッフ大濱さんしかいなくてねえ。
N　外出しない浜長さんを、デイケアの熟年クラブのメンバーが週に1回、訪ねてくれます。
メンバー　本間さんが上に上がってくるの待ってたもんだからねえ、遅くなったのさ。ごめんね、待ったっしょ。来ないかと思ったっしょ。来ないかと思ったっしょ。

浜長　いや、そうは思ってないんだけど、いつくるかと思って。
メンバー　そういやもう3時だもんね。……どうせ大濱さんと、石川父ちゃんだけだから何でもいいよコップは。

▶▶インタビュー（大濱伸昭さん）
T　デイケアソーシャルワーカー　大濱伸昭さん
　デイケア若い人ばっかりだみたいな声が聞こえてきたんですよね。で、グループホームのミーティングを結構まわってて、デイケアでは会わないけど、グループホームになんか佇んでる40代、50代の人たちが結構いたんですよね。
T　熟年クラブは　デイケアの年配者の集まり
　そういう人たちがどうにか一緒に活動できないかってことで集まったのが最初だったんですよね。でもやっぱり集まんないんですよね（笑）。だったらこっちから行っちゃえってことで。なかには大日向さんとか坂井さんとか元気な人がいたんで、みんなで訪問しようってことで。訪問してたら結構のってくるんで、それでみんなで車に乗ってみんなでお茶でもしようって。
T　浜長さんは79歳になる

▶▶インタビュー（川村敏明さん）
　年齢的なことを言ったら、老人ホームに行ってるのがある意味では自然かもしれないけど、浜長さんの、そのお日様を浴びてのんびりと休んでる姿ってのは、ある意味では老人ホームでは得られない。誰も特別の面倒見ないで、決められ

たサービスを受けてるんじゃないんですよね。自分の必要性に応じたサービスを自分が選べている。

T　浜長さんは　週4回の家事援助と外来受診などの援助を受けている

　これはべてる全体に言えることだと思うんだけど、ちょっと援助が薄味ですよね。だからこそ選べる暮らしの中身みたいな。だから浜長さんも退院いやだいやだって言いながらも、実際にやってみたときに、サービスの受け手として、こういうやり方だったらやれる、できるっていう浜長さんなりの手応えを感じて、日々時間が過ぎていっても、やっぱり自分の居心地のよさを感じるようなサービスを受けてたんじゃないかなと。

　少なくとも過剰ではない、管理的ではない。指示的でない、管理的でない、それはね薄味だから。本人が何を望んでいるのか、何を望んでないかってあたりをニードをキャッチしてるんじゃないかなと。やっぱりべてるの人たち、あるいは同じ住んでる仲間たちからするとね、人をちゃんと助ける余裕もない人たちだから（笑）、よかったのかなあって。

——それぞれが自分のことで精一杯みたいなとこありますもんね。

　そう。でもそれは大事ですよね。うん、それは大事。僕は病院という立場から見ても思うけど、病院というのはある意味決まったサービスを持っていくじゃないですか。サービスを与えて、ある意味ではありがとうと言ってもらわないと、これでもかこれでもかって治療っていくじゃないですか。

　我々にとっても、あれだけ退院を嫌がっていた浜長さんがなぜ7年間も生活できるかっていったら、そこから学ぶことは大きいなと。だから、僕らが退院していった人たちから学ぶのは、病院もやっぱり過剰に治療的じゃないように、管理的・指示的にならないようにということですよ。

●リカハウス、ある日曜日の夕食風景

N　日曜日はメンバーだけで過ごしています。リカハウスでは、料理の得意な伊藤さんがシチューをつくっていました。

伊藤　なんかコショウのせいかしら？　肉のせいかしら？　アク取ったんだけど……。

伊藤　あたし、ごはんあるのよ。

T　伊賀里奈さん

T　吉田公子さん

吉田　えっ、これでいいんじゃないの？

荒谷　しょうゆないの？　しょうゆ。

N　普段は、自分の部屋で1人で食事をするメンバーもいるのですが、この日は5人全員がそろって食事をすることになりました。

●筋子切りに挑戦する荒谷さん

荒谷　ほらあ、これお願い。

吉田　自分でやんないとだめでしょ、教えてあげるから。……教えてあげるから。キッチンばさみってあるでしょ、これ。

N　食事の途中で、荒谷さんが大好物の筋子を切ってほしいと言い出しました。

吉田　これセッちゃん、こうやってごらん。こうやって。

荒谷　切ってよー。

吉田　ほら、やってごらん。

荒谷　切ってよー。
吉田　切ってって、ほらやってごらん。はい、こうやって。
荒谷　切ってよー。
吉田　切って。自分でほらやってごらん。こっちからこう。今こっち切ったから。
荒谷　切ってよー。
吉田　切って。自分で切ってごらん。
荒谷　切ってよー。
吉田　切ってじゃない。ほらできるじゃん。
伊藤　セッちゃん切ってるの？
吉田　教えてあげたの。
伊藤　サランラップかなんか敷いた？敷かないで切ってんのかい。
吉田　うん。
伊藤　はさみ使ってんの？
吉田　はさみ使ってんの、うん。そのほうが簡単だから。
伊藤　手洗わないと生臭いよ。セッちゃん。
吉田　簡単だったでしょ、セッちゃん。
（手についた筋子をなめ、満足そうな笑顔を見せる荒谷さん）

▶▶▶インタビュー（向谷地生良さん）

　不思議なことに、調子が悪くなった人たちが入院して、衣食住を保障され、定期的な服薬と安静を手に入れただけで、多くの人たちはそれで調子がよくなるわけですよ。特別な治療ってないんですよね。

T　特別な治療はいらない　まわりに人がいれば回復していく

　ただ基本的な生活が保障されて、お薬を飲めて、そしてまわりに常に人がいて、そのなかで守られている感覚が保障されると、だいたい多くの人たちは落ち着くんですよ。だからそれを地域で、いろんな島のような地域の拠点のなかで、今の病棟のような安心の場をつくり出せればいいんじゃないかなって思うんですよね。

　多くの人たちは多少調子の浮き沈みがあるとしても、病棟のなかでちゃんと暮らせてるわけですよね。それを地域のなかに、そういう小さいアットホームな拠点をいっぱいつくって、そのなかでともに暮らし合っていける。そういう場を持てれば、病院っていうのは、ごく一部のちょっと調子が悪くなった人の緊急的な対応だけしてくれれば、だいたいがよくなるはずですよね。

●夕焼け

II 浦河流退院プログラム

[28.42]

●看護師の申し送り

T　浦河赤十字病院　精神神経科ナースステーション

N　浦河赤十字病院のナースステーションです。

T　看護師　下向敏雄さん

下向　……退院に向けて現実的に何をしなきゃならないかっていうあたりが……。

N　AチームとBチーム、2つのチームがあり、担当する患者さん、1人ひとりについてていねいに申し送りをしています。特に、退院プログラムに取り組んでいる患者さんは変化が激しいので、どう接したらよいのか、全員で意見を出し合って検討を重ねています。

下向　そこのところじゃないよ、考えることや、やることはっていう……

男性看護師　金曜日か？

女性看護師　……木金で出て来ようかなみたいなこと言ってましたけど。

男性看護師　べてるは木曜日？

女性看護師　そうです、そうです。

N　今、退院に向けていちばん活発に動いている患者さんが沼尾美代子さんです。

T　就労サポートセンター　ニューべてる

N　沼尾さんは、ニューべてるやグループホームへ出かけて、いろいろな退院プログラムに取り組んでいます。

退院プログラム1【当事者研究をする】

向谷地　沼尾さん、どうも。

沼尾　どうもこんにちは。

向谷地　こんにちは。お久しぶりでした。

沼尾　あのね。

向谷地　沼尾さんとこうして会うのもね、この前、岡山に、あ、大阪か。講演に行って以来なんだけど。着々と退院を目指して……。

T　沼尾美代子さんは　入院中のまま大阪講演に出掛けた

沼尾　退院をねえ、べてるの家にミーティング行ったんだけど、なんか違う人が入るって聞いたから、今度はおざき荘ねらおうとか思ってんだけど。

向谷地　住居をいろいろ選んでるところね。とにかく人のことを信用できなくて、裏を裏を読んでしまって、いらいらしてしまって爆発になるわけだから。ねぇ。

T　退院を支援してくれるスタッフのことが　信じられなくなり爆発した

向谷地　でも退院を目指してるんだよね、沼尾さんは？

沼尾　退院を目指してるんだけど。

向谷地　退院を……。（ホワイトボードにポイントを書きながら）じゃこう爆発すると、なかなか、もしかしたら退院が遠ざかるみたいな感じがあるわけね。

沼尾　うん。

向谷地　さあ、みなさん、今こういう苦労をかかえてる沼尾さんですけど、これからどういうふうな研究したらいいでしょうか？　なんかもし自分の経験か

ら。目標は退院。
吉田　退院できればいいかなって感じ？ そんな強く考えないで、ただ持続をもったほうがいいんじゃないかと思うんですけどね。
(拍手)
向谷地　沼尾さんがえらいのは、そういうお客さんが来て、人が信じられなくなって爆発を繰り返すってこともあるけども、退院を諦めないで、ずっと退院を目標にがんばってる。退院って旗を降ろしたことがないのが見事ですよね。
沼尾　退院したいって言えないんだよね、メンバーの人にね。迷惑かけるからだめかなぁって思って落ち込んじゃうんだよね。
T　住居ミーティングに参加しても「退院して　ここに住みたい」と　言えないでいる
向谷地　住居の訪問に行ったり、見学に行っても退院したいって……。
沼尾　言えないんだわ。
向谷地　あぁ～。迷惑かけちゃうんじゃないかなって。
沼尾　うん。同じ迷惑かけたりするんじゃないかと思って、爆発するんじゃないかと思ってね、言えないんだわ。それでそのまんま帰ってくるの、病棟に。その続きなんだわ。
向谷地　あぁ～。数々の爆発の実績のほうが多いんで、ちょっと自信がないと。
沼尾　自信がないんだなぁ。
向谷地　入院を経験したことのある人で、退院するときにちょっと自信がなくて、迷った経験のある人どれくらいますか？

(何人か手が挙がる)
吉田　一生退院できないと思ってた。
向谷地　ほうほう。
T　宮西勝子さん
宮西　入院してたら、同じことの繰り返しの生活になっちゃって、爆発に依存するのも終わらなかったので、地域での生活に変わったら、まわりの「場の力」とかを信じたら変われるんじゃないかと思って。変わりたいなという気持ちがあったので、どうしても爆発に依存するところから抜け出したいと思ったので、それが原動力です。
(拍手)
T　べてるの家のスタッフ　看護師　向谷地悦子さん
向谷地(悦)　みんなとお食事するとか、共同住居でミーティング出るとか、外泊するとか、みんなが「退院してもいいわ～」って、みんなの許可を得るような働きで、視点をちょっと病院の人間関係から、もうちょっと仲間の人間関係に変えたらどうかな？
向谷地　みなさんに沼尾さんの退院の決定権があるとしたら、退院許可する人、手を挙げてください。
(は～い！と多くの人が手が挙げる)
向谷地　みんな退院許可するそうですよ。
沼尾　ありがとうございます。
向谷地　退院の許可出ました。残念ながら退院の許可出ましたんで(笑)。どうですか、感想は？
沼尾　うれしいです。ありがとうございます。
(拍手)

退院プログラム2【SSTで練習をする】

N　当事者研究で見えてきた課題を、SSTで練習します。

T　べてるの家のスタッフ　ソーシャルワーカー　池松麻穂さん

池松　はい、沼尾さん。今日はどんな課題を持ってきてくれたんですか？

沼尾　私は今べてるの家（グループホーム）のミーティングに行ってるんだけど、先週から。今日も行くんですけど、なかなか話ができないことがあるんですよね。べてるの家に退院したいんだけども、まだどうかなっていうのと……。

池松　沼尾さんは今、入院中なんですよね？　病棟からべてるに通ってきてSSTで練習したり研究したりしてるんですけども。

T　ニューべてるに通って当事者研究やSSTに参加している

池松　本当は退院先を探してるなかで、べてるのミーティングに参加したり、いろんなところで退院先を探してるんだけども、そこで伝えたいんだけども伝えられないことが……。

T　退院先を決めるために　住居ミーティングに参加し始めた

沼尾　自分の弱さや醜さだとか、これから予測される男性依存と爆発のことだとか、そういうことがあるので不安なんだよね。

池松　（ホワイトボードに文字を書きながら）うん。じゃ男性依存とか爆発のこととかが不安だから、仲間に退院したいんだってことがなかなかうまく伝えられないんですよね。そんな苦労があったんですね。

沼尾　1人で言えないから看護婦さん言ってくれないかなぁとか。

（笑）

池松　いつも行くとき、看護婦さんも一緒に行くんですか？

沼尾　一緒に行く。

池松　看護婦さんも一緒に行ってるんですね。じゃ、やっぱりミーティングでみんなに説明できたほうがいいですね。

沼尾　はい。

● ミーティングの場面の練習

池松　はい。じゃあ、場面つくって練習したいと思うんですけども。……はい、行きますよ。

T　住居ミーティングの場面を作って練習した

池松　はい、用意。スタート。

T　司会の早坂潔さん役は下河原求さん

下河原　これからミーティングを始めます。

沼尾　今週で2週目なんですけど、これから予測される苦労は、男性に依存することと爆発なんですけど、みんなも爆発どういうふうにしてるんですか？

T　グループホームの住人、服部洋子さん

服部　私も爆発系だから大丈夫です。15年前に教会を壊した経歴があるので……。

（笑）

沼尾　物にはよっぽどじゃないと当たらないんだけど、人間関係のトラブルが自分でね、コントロールができなくて、それも悩んでるんですよね。

T　人間関係でイライラすると爆発してしまう

T　グループホームの住人　佐々木実さ

ん

佐々木(実)　爆発したかったら爆発すればいいし、依存したかったら依存すればいいし。やっぱり好きなことやってそれで悪くなったら入院すればいいし。出て行きたかったら出てけばいい。好きなことやって楽しんでくれればいいと思います。だから、そのうち応援してくれる人も出てくるし、心配してくれる人も出てくるし。テーマを研究したり、したいことすればいい。別に構いませんから。

沼尾　わかりました。

(笑)(拍手)

退院プログラム3【住居ミーティングに参加する】

沼尾　こんばんはー。

松本　こんばんはー。人、いないんだ。

N　SSTで練習をした日の夕方、沼尾さんは、看護師と一緒にグループホームの住居ミーティングに参加しました。

T　病棟看護師の羽田沙矢果さんが同行した

(次々と、メンバーが集まりだした)

佐々木(栄)　実さん、体調と気分。よかったこととか。

佐々木(実)　体調と気分、普通です。よかったことは、今日新しい人が来てくれて、お会いできてよかったと思います。

早坂(史)　沼尾さんあれだよね、ここに来て、先週も来たけど自己紹介……。

沼尾　自己紹介ね、あの、日赤の七病棟に入院してる沼尾美代子です。う〜んと、もう今年の1月16日で2年目に入りました。

羽田　自己病名は？

沼尾　私の自己病名は統合失調症で、男性に依存することと爆発の問題です。

T　今日の司会と書記は佐々木栄喜さん

沼尾　これから予測される苦労は男性に依存することと爆発の問題なんですけど、みんなも爆発どうしてるのかなぁと思って。

佐々木(実)　精一杯やったほうがいいと思う、男性依存したり爆発したり。そしたら自分で考えるし、悪かったら悪かったでまわりの人も言ってくれるし、自分で考えて反省したりしてよくしていけばいいと思う。あんまり人のことに構わないわ。そこがいいところ。あんまりね、ああしたらとかこうしたらとか指示したり命令したりしないからさ。管理もされてないしさ。そこが決定的にいいところだね。

T　絶不調の早坂潔さん

早坂(潔)　すぅー、はぁー(深呼吸)。

早坂(史)　よくなってきた？

T　24年前から入退院を繰り返しながら暮らしている

早坂(潔)　あの、壁とかガラスとか割ったけど、みんな……。たまにいられなくなるんでねえかなと思ってるけど……。

佐々木(栄)　……ホントは爆発したくないんだ？　怒りたいんだべ？　例によって病棟にいるように怒りたいんだべ？

T　栄喜さんは病棟で爆発している沼尾さんを見たことがある

佐々木(栄)　あれが病気だと思ってるんだべ？　病棟で怒ってんの。あれはまともな感情だぞ。まともな気持ちだぞ。悪いものを悪いって怒ってるだけだ。ただ悪いものを悪いって怒ってるだけだ。

T　この時の佐々木栄喜さんは　サラリーマンモードだった
早坂(史)　でもその言い方を練習してるんだよね？
沼尾　攻撃性にならないでさ。
佐々木(栄)　怒ったあとにフォローすること。まず怒るときに怒っといて、そのあとフォローすればいい。まず怒っといて、そのあとフォローすればいい。どーんと怒っといて、あとで、「さっきはちょっと怒りすぎてごめんな」とかってフォローする。
(話を聞きながら、懸命にメモをとる沼尾さんと看護師の羽田さん)
沼尾　うん。

▶▶インタビュー（川村敏明さん）

　僕が意識的に言うのは、退院したいって人に、「どうすれば退院できるかみんなに聞いたか？」って。「応援してくれる応援団つくんなきゃだめだ」って。「先生だけで決めてないから」と。よくそれは意識的に言いますね。
　だから、取り組んでる人が「誰々さんに相談しました」「誰々さんにこういうこと習いました」というと、「おぉ、やり方いいなぁ、それだとよくなっちゃうけど、退院してもいいのか？」って。「退院すると苦労するってみんな言ってないか？」と。
T　退院すると苦労する
　「でも入院の苦労より退院の苦労してみたいよな？」って言う。
T　入院の苦労より　退院の苦労をしてみたい
　そういう方向で退院が進んでいくんだったら俺は、「いいんじゃないの」「今のやり方でいいよ」「あと生活にどういうことが必要なのか、ワーカーとも相談したか？」って。相談のってくれて応援してくれる仲間がいたら、生活相談をワーカーとして、しかも退院に向けて応援してくれる仲間もいてっていったら、「先生、そりゃもう間違いなく退院させなきゃなぁ」って。

退院プログラム４【経験談やアドバイスを聞く】

早坂(史)　こんにちはー。
N　地域で暮らすメンバーに、経験談やアドバイスを聞く機会もつくっています。
T　医療相談室ソーシャルワーカー　高田大志さん
高田　新人の沼尾さんを……。ちょっと古い新人の（笑）。
早坂(史)　顔見知りの新人いらっしゃい（笑）。
磯田　退院するちゅうのは決まってるんですよね。
高田　退院はできるんです、病院としては。
磯田　ああ、病院としてはね。
早坂(史)　いちばん最近退院した人、誰だ？　水野君かな？
高田　退院準備で何がいちばん大事ですか？
T　水野琢磨さんは　2年半前に退院した
水野　大事なことですか？
高田　住居をどうやって決めたかって聞いてみたら？

坂井　病院の建物が見えるってことで決まった。

T　2階の坂井晃さんの部屋から　病院が見える

坂井　入院してた頃はね、ここから病院まで、ゆっくり歩いてもすぐでしょ？10分もかかんないっしょ？

T　病院からおざき荘まで　ゆっくり歩いて5分

坂井　でもね、入院してるときは「あんなに遠いのか、俺もうあんなに遠かったらすぐ入院しちゃうんじゃないか？」って、そのぐらい深刻に思ってたんだよ。

坂井　徐々に、ここに慣れてきて、ここでちゃんとポジションとれて、それからだね。

T　おざき荘に住み始めて3年になる

坂井　ここですっかり慣れてしまわないと、なんていうか、落ち着く場所でしっかり落ち着いて、それから行動が広がるみたいな。

T　西森友子さんは民間のアパートから転居してきた

西森　前、アパートに1人暮らしだったから、家族かなんかが来たりするときに、楽しくしてたりとかだったけど。大勢このなかにいるので、そこがよかったことです。

T　磯田和成さんは札幌で1人暮らしをしていたが交通事故にあい　高次脳機能障害になり実家近くに戻ってきた

磯田　札幌ではもう1人暮らししてて、人のつながりがないんですよね。おざき荘に住んでれば、べてるも行ってるし、人のつながりがあるんですよね。ミーティングも1週間に1回やってますからね。それによってつながりができるんですよね。それがよかったなぁと思ってますね。みんなの意見なんかも聞いて、なんとか平静になれたんですよね。会話ってことがあるってことはいいことですよね。共同住居も含めて、団体で暮らしてるってことがいいことだと思うんですよね。

沼尾　ふーん。

退院プログラム5【仕事にチャレンジする】

N　沼尾さんは、最近、ニューべてるで、昆布の袋詰め作業を始めてみたのですが、仕事をすると、どっと疲れてしまいます。

沼尾　昼までって言ったらきついんだよねぇ。体がきついのさぁ。

高田　まだ緊張してんの？

沼尾　緊張？　いやー、何人かはね、「沼尾さん昼まで？」とか聞くんだよね。

T　毎朝　働く時間を自己申告する

沼尾　聞くんだぁ。何人か聞くんだぁ。

T　「ミーティングだけ」「昼まで」「3時まで」などのパターンがある

沼尾　三田村さんとかね、智恵ちゃんとか吉田公子さんとか聞くんだ。だけどね、期待に添えられないんだよね。昼までねぇ。

早坂(史)　残るだけ残って仕事しないとかもアリだけどね。

沼尾　うーん。いやあたし最初のころね、ミーティング参加しないで喫煙室にずっといたんだわ。

T　べてるの1日は　朝のミーティングから始まる

沼尾　岡本さんとしゃべったり誰々さんとしゃべったりね、してたんだわ。
T　最初は　朝のミーティングにも　参加できなかった
沼尾　最近になったからね、ちゃんとできるようになったんだけど。
高田　ちゃんと口動かしてる？
沼尾　ん？　作業のとき？
高田　仕事しながらしゃべってる？
沼尾　動かしてない。しゃべってないよ。
高田　しゃべってないでしょ？
沼尾　うん。だって口動かしたら指動かないっしょ。
高田　甘いね。
磯田　そうですね。
高田　甘いっすね。
磯田　それはやっぱり練習ですよ。手動かしながらぺちゃぺちゃ言わなかったら。
高田　ほらぁ。疲れるんだわ。黙々とやってんだわ。
沼尾　そうだよ。
磯田　だから気を抜くためにね、話しながら手を動かしながら、くだらんことでもいいんですよね、話しながらやってればいいんですよね。
T　手を動かすより口を動かせ　という理念がある
磯田　だんだんそれに慣れればね、声も出るし自然と手も動くんですよね。手だけ集中しちゃうから、自然に頭がそっちのほういっちゃうから、どうしても、そういうふうになっちゃうんですよね。単純作業ですからね、口も動かせばいいんですよ。

早坂(史)　真剣に聞いてたから……。
T　真剣に聞いていた水野さんも仲間とコミュニケーションを取るのが苦手
高田　むずかしい？　作業しながら口動かすのって。
沼尾　いや、そんなにむずかしくはないけど。
T　撮影から2か月後　沼尾美代子さんは退院した

III 退院支援は質より量

[47.24]

●ナースステーション内
N 浦河赤十字病院では、入院中の患者さんが、たくさん、ナースステーションに出入りしています。
女性看護師 売店？ は～い。いってらっしゃい。
T ピアサポーターの坂井晃さん
N 地域で暮らしているメンバーも、気軽に、ナースステーションや病棟を訪ね、外の風を運んできます。

●退院クラブ
N 一人では外出するチャンの少ない患者さんに、外出の機会をつくろうと組織されているのが「退院クラブ」です。
T 明日はラーメンカラオケツアーに出かける
高田 ……明日カラオケはみんなの前で歌うので、けっこう度胸がいると思うので前に来て発表してもらいます。好きな歌手と……。
T 好きな歌手や十八番の曲 思い出の歌などを発表した
高田 好きな歌？ ん？
男性 ウルトラマン
高田 ウルトラマンだそうです。……好きな歌手は？
T 内村直人さんはギターも得意で 音楽が大好き
内村 好きな歌手？ 仮面ライダー。仮面ライダー、仮面ライダー、仮面ライダーV3～♪
高田 ……明日はどうしましょう？

●内村さんのSST
N カラオケボックスで、電話で飲み物を注文する方法や、カラオケの機械の使い方も練習します。
高田 ……いるっしょ？ 頼りになる人が。
メンバー 祐さん！
高田 ほらぁ。いるっしょ～。祐さん。これが、カラオケの機械だとします。どうやって使うんですか？
内村 この機械は……カラオケの機械はどういうふうに使うかというと、うーんと……。
高田 わかんなくなったら、祐さんの近くに行って……。
T カラオケボックスはうるさいので近くに行って聞く練習をした
内村 祐さん、カラオケの機械どうやって使うの？
伊藤 はい。カラオケの機械ね。教えますよ。

●外出に際し、身支度を整える
T 看護師 亀山美紀さん
亀山 いい男になるから、これから。
内村 いい男に？
N 外出するのを機会に、身だしなみや着る物など、細かいところまで、看護師は気を配っていきます。
亀山 向いて、上。
内村 ひげそるの？
T 看護師 住井すみゑさん
住井 成功するからね。……お客さんいかがですか？
内村 いいですよ。

亀山　いい男だわ〜。明日モテモテだね。
N　退院は、患者さんにとって苦労の多い取り組みなのでいろいろな立場の人が、いろいろなかたちで、応援できる仕組みをたくさんつくっています。

● ピアサポーター

T　2007年2月7日
N　ピアサポーターの坂井さんは、ずっと、内村さんの退院を応援しています。
坂井　明日の朝、クリームパンだから。
内村　クリームパン？
内村　買ったの？
坂井　うん、買ってある。
N　内村さんは、坂井さんに誘われて、坂井さんの部屋に泊まりに行くことにしました。
N　毎週水曜日には、ピアサポートミーティングが開かれています。
T　ピアサポーターの　泉奈津子さんと坂井晃さん
N　医師や、ソーシャルワーカー、病棟の看護師、保健所の職員、地域生活支援センターのスタッフたち、当事者スタッフ、地域で暮らすメンバーも、集まって退院支援に取り組んでいます。

● ラーメンカラオケツアー

伊東　えー、今日退院クラブで午前中11時から町外にラーメンカラオケツアーということで行きたいと思います。人員は12名です。
T　隣町のラーメン屋さんに出かけ　その後カラオケボックスへ行く
下向　そのほかありませんか？　なければ、今月の安全対策は「守ろう個人情報」です。今日も一日よろしくお願いします。
一同　お願いしま〜す。
T　60床のベッドを20名の看護師が2交替で支えている
女性看護師　この人の気持ちもう一度確認したほうがいいかもしれないですね。
伊東　……今日行くから車の中でも話してみるわ。こういう車の中っていうのはね、けっこう患者さんも俺らには話してくれるんだよね。なんでもね。
T　車の中は　気軽に話を聞くよい機会になる
女性看護師　そうですよね、病院の中にいる空気と違って世間話的にできますもんね。
T　看護師　塚田千鶴子さん
塚田　大変ですね、救援車。人数が……。
伊東　赤いやつは7人乗りで。
N　退院クラブに参加する患者さんが、だんだん増えてきて、車1台だけでは乗り切れなくなっています。
塚田　それだけラーメン屋さんに行って祐さん、いっぺんに行くんですか？　大丈夫ですか？　みんな座れるんですか？
伊東　うん、このぐらいだったら。
塚田　大丈夫ですか？
伊東　ギリギリだわ。貸し切り状態だけどね。
塚田　みんなで行ったら楽しいっていうのをみんなが感じればいいですよね、外に行ったら楽しいってのを。
伊東　それがいちばんなんだよね。
塚田　そうですよね。
伊東　そのなかにもちょっと嫌なことがあるんだわ。注文係だとかそういうあれ

が与えられているから。
T　ラーメンの注文係やカラオケの受付など役割を担う患者さんもいる
塚田　勉強もかねてますもんね。
伊東　練習だからね。ま、患者さんも楽しむけど、俺らも楽しまないとダメなんだわ。
塚田　そうだよね。私たちも楽しんで。
N　この日のラーメンカラオケツアーには、13名の患者さんが参加しました。
T　参加者が多かったので　2班に分かれた
下向　7人？
沼尾　えーっと、8人。
店員　すいませーん、いいですか。
伊東　待ってて食べるラーメンっておいしいね。

●カラオケ屋で
内村　あの～、これからカラオケ大会を始めます。
内村　ウーロン茶いくらすんの？
髙田　200円。
男性　コーラ、いやメロンソーダ。
男性　メロンソーダ？　すみません、飲み物頼みたいんですけども、いいですか？　コーラ3つに……、最後にコーヒー1つお願いします。カップでお願いします。ありがとうございます。
(カラオケの曲を選ぶ……)
男性　03…。
沼尾　03…。
沼尾　こっからわかんない。
髙田　沼尾さん、転送。機械のほうに向かって転送。
沼尾　転送…。
髙田　もう1回。

(歌う横山さん。「君には君の夢があり～♪僕には僕の夢がある♪」)
T　地域で暮らしているメンバーも一緒に参加している
T　病棟では歌わない横山さんがこの日　2曲歌った

●病棟での丁寧な申し送り
N　ラーメンカラオケツアーの翌日です。
T　ラーメンカラオケツアーの様子が申し送りされている
女性看護師　横山譲さんです。横山さんも昨日日中にラーメンツアーとカラオケに行ってきたってことで、ラーメンおいしかったよ～って。「横山さんも常連だね～」って言ったらハハッって笑ってましたね。なんかカラオケも歌ったみたいで。病棟では歌ったりしないけれども、カラオケでは歌ったみたいで「楽しかったな～」って。……これなんて読むんですか？
T　若い看護師さんは横山さんの歌った「宗右衛門町ブルース」が読めなかった
男性看護師　それ、そえもん、そえもんちょうっていう、どこだっけ？　そういうのがあんだよ。
女性看護師　それを歌ったってことで。
男性看護師　……今日の朝はご飯食べてないですね。
男性看護師　ちょっと身体状況見ていってください。
女性看護師　……早坂潔さんです。早坂潔さん、昨日はラーメンツアー参加したってことで、久しぶりの外出だったんですけども、ちゃんと順調にいってますね。

▶▶インタビュー（向谷地生良さん）

　これ本当にね、空気なんだよね、退院支援ってのは。本当に空気。これは患者さんの病状がよくなればとか、患者さんがもうちょっと調子よくなればとか、患者さんがやる気を出せばじゃ全然ない。職員のね、こちら側のモチベーションというか、こちら側の目のつけどころとか、それによって実はかなり変わってくる。

T　退院支援は援助者側の問題

　退院支援は、退院支援だけじゃないですけど、基本的にこちらがアプローチする量なんですよね。

T　大切なのは質より量

　こちらがアプローチする熱意と実際費やす時間によって、患者さんたちはその退院なら退院ってものを実感できるし、退院していこうって気持ちも取り戻しやすいし。ほとんどがね、こちら側の要素なんですよ、退院がうまくいくかいかないってのはね。

IV　37年ぶりの退院

[57.37]

N　1970年から入院していた横山譲さんが、37年ぶりの初めての退院の日を迎えました。
伊東　これ僕からの餞別。あっ、師長さんに見られたぞ（笑）。袋に入れて。

T　餞別はライターだった

N　横山さんと伊東看護師のつき合いも37年になります。
横山　今日から新居に入るんだ。
女性看護師　したらね。
横山　元気でやるから。
女性看護師　いつでも遊びに来てよ〜。またね〜。
横山　はい。

▶▶インタビュー（伊東祐さん）

T　看護師　伊東祐さん

　ラーメンツアーかなんかでの車の中で突如、「俺、10月17日に退院するわ」っていうようなことを言って、俺らも、おっまさかと思っていたんですけどね。本人はそれなりに言った以上ね、それを固く守っていたんで、俺らも、これから退院するのに退院準備だとか、ちゃんとやっていかないとだめだなということで、高田さんと。それで急遽、おそらくその間2か月くらい、2か月か2か月半ぐらいしかなかったんですよね。

●グループホームべてるの家
N　横山さんは、慌しく、住居を見学したり、外泊の練習をしたりしました。
N　そして、グループホームべてるの家に退院することになりました。古くからの顔見知りの石井健さんや佐々木実さんたちが暮らしているので安心して、横山さんも暮らせるに違いないという判断でした。
T　2007年10月17日　退院当日
伊東　じゅうたん敷いてしまえば、あともうバンバンバンバン、ね。
横山　うん。
伊東　……今日から住人1人増えたね。
早坂（潔）　住人増えた。だからいちばん端が栄喜さん、ここ横山くん、俺、早坂潔。だから……
伊東　隣なんだ？
早坂　うん。
横山　佐々木栄喜さんいるから助かるんだ。
伊藤　おっ栄喜さん！
横山　栄喜さん頼むね。よろしくね。朝、おはようだから。
佐々木（栄）　うん、うん。
伊東　う〜ん、いかった、いかった。栄喜さんに潔くんだもん、両隣。両隣ツーカーの人ばかりでしょう。

▶▶▶インタビュー（向谷地生良さん）

　慢性的に壁の向こう側で1人、世界に浸りきって、こちらのさまざまなアプローチに接点を持とうとしないというか、持ちにくい患者さんっているわけです。そういう人たちの退院支援って、地域移行のテーマだったんですね。

　振り返ってみると、横山さんが2年ほど前ですけど、突然、親指の爪を剥ぐという自傷行為をしはじめたことがあったんですね。なかなか横山さんが自傷行為を止められなくて、自傷行為をしては処置を求めてきて、そのイタチごっこをしていて。看護師さんたちも、もうやってられないからね、ぐらいの感じになったときに、私がタバコ吸ってる横山さんの傍らに行って、「大変だなぁ、横山さんもいろいろな圧迫や苦労が起きてるんだよね」って言ったら、主治医の川村先生の声で「爪を剥げ」ていう命令が聞こえてきて、それに逆らえなくて困ってるんだってことをぽろっと言ってくれたんですよね。「それは大変だよね、先生の言うことは聞かなくてはいけないって感じがあるんでしょう」と言ったら、「そうだ」って。

　横山さんは言語化できないけれども、横山さんのなかで声が聞こえたりとか、横山さんの体で実感できる現実、横山さんの目から見える現実は、そんな生やさしいものじゃない。大変な圧迫のなかで、それを守るために、病院という安住の場を彼はずっと死守してきた。2001年にほかの仲間たちがどんどん退院していったなかでも、横山さんは、自分だけはこの安心を手放すまいと必死にしがみついてきたわけですね。
T　幻聴の世界に閉じこもる　横山さんを助けるのは──
T　援助者にとって大変な苦労だったが遠回りになっても──
T　横山さんが自分を助けるのを　支えてきた

横山さん自身も、おそらくこの自分の聞こえる声とか、彼なりの大変つらい圧迫に対して、横山さん自身が前向きに働きかけていくとういか、横山さんを助ける主役は横山さん自身である……。

▶▶▶インタビュー（川村敏明さん）
　やっぱりね、横山さんの背中押しただけじゃできないもんね。あの人の目標は、とにかく病院においてくださいってことだったわけですから。その目標と、言ってみれば逆のことを進めるってときに、横山譲さんのことだけ言ってもダメですもんね。
T　長期入院していた人が退院しているそういう時代になったと伝えた
　時代が変わった、時代の流れをやっぱり伝えていく。ここ最近、外に行くっていうプログラムをね……。10年くらい前かな、横山さんを町を案内したんですよ。
T　1995年から道路拡張が始まり町並みが一新された
　町並みが新しくなって、横山さんにすれば、浦河の町、初めて見たっていう感じですよ。
T　町並みが全く変わってしまい　別の町のように感じた
　自分が知っているかつての町並みはなんもなくなってたんですから。「浦河がこんなんなったんですか!?」っていう。そういうところを見せにいってね、びっくりしてたよ、横山さん。行きたがらないんだもん。だから横山さんだけを連れ出してもダメなのさ。みんなが行くような、行って当たり前。横山さんに町でラーメン食べさせるために何年を費やしたか（笑）。それが今、横山さんでも行くからね。何人でも行くわ。

●グループホーム
N　かたくなに外出を拒んでいた横山さんが、唯一、反応を示したのが、ラーメンを食べに行こうという誘いでした。
N　古くからの仲間がたくさん住んでいるから安心だ、とスタートした横山さんのグループホームでの暮らしでしたが、3か月後、突然、寂しさが湧き上がってきて、不安に襲われ、SOSの電話をして再入院してしまいました。

▶▶▶インタビュー（川村敏明さん）
　1回目の退院が、世間の様子見に行ってきたみたいなもんで。
T　退院は何回チャレンジしてもよい
　まだ退院の準備が、練習がまだ続いてるっていうふうに考えて、いったん退院したらそれがずっと続くなんていうふうには思ってなかったし、ま、想定内ですよね。なによりも横山さんの退院で、スタッフも、退院に向けてどういうことを考えればいいのかっていうね、いろんなことが勉強になってますよね。考えることの深さとか、広さみたいなことを考えて、入院治療に取り組める。横山効果っていうのは、そういう意味で病棟に与えてくれた影響は大きいですね。
N　37年ぶりに退院した横山さんにとって、1人で過ごす時間の寂しさも、冬の寒さも、辛い体験でした。
　急に退院したらさ、過疎地に行ったみたいなもんだよ（笑）。だって人が安心で

きるための要素は、病院はみんなそろってるんですもん。一晩中、24時間看護師さんがいます、必要であれば医者も呼べます、っていうあまりにも安心できるようなやり方に、逆にそれが普通になっちゃったんです。だから今、仲間に対する必要性ってのは、入院してたときにただ人がそばにいてくれるっていう、そういう意味での仲間よりも、現実的に言葉で会話しながら自分のニードを相手に伝えていく。きちんと自分の面倒見ようとしないと、人がただいてもダメなんですよ。

T　傍らに居るだけでなく　気持ちを伝えられる仲間の存在が大切

▶▶▶インタビュー（伊東祐さん）

　本人からのSOSが来たらすぐ受け入れてやんないと。そういう、入退院を繰り返してもいいんじゃないかなと思うんですよね。それを何回かやっていくと、こういうときには自分がこうやればいいんだなってことを覚えてくるから。川村先生も、よくなっていなくてもボンボン退院させていくし。そういう面では、よくなんなくても退院するとちゃんとよくなるんですよね。

T　よくなっていなくとも　退院するとよくなっていく

N　ピアサポーターの坂井さんは、横山さんの退院をずっと応援しています。坂井さんの住んでいる「おざき荘」は、病院から近いこともあって、横山さんは、次の退院先の候補にしています。

●玄ちゃんへの恩返し

T　ピアサポーターの坂井晃さん

――10月でしたっけ、退院したときうれしかった？

坂井　いや、うれしかったね。……あぁこれでげんちゃんの恩返しできたかなぁみたいに、そういうのはちらっとよぎりましたね。

T　げんちゃん（中山玄一さん）も　ピアサポーターとして応援していた

T　毎日のように　横山さんを訪ねた中山玄一さん

――だって、げんちゃんがずっとサポートしてたんでしょ？

坂井　そうですね。

――浦河の町、散歩したりとかしたんでしょ？　げんちゃんと一緒に。

横山　外には出なかったね。来るの待ってた。

――待ってた？

横山　はい。病棟で待って。あのころいちばん楽しかった、げんちゃんがいたとき。

――げんちゃん来て、どんな話してたの？　病棟に来たとき……。

横山　げんちゃん来て、やっぱし外泊のことやら、駅前ハウスのこと。

T　駅前ハウスは　中山さんが住んでいた共同住居のこと

横山　駅前ハウス行って一泊するべとか。朝来て、サポーターだから、生協に誘ってくれたり、タバコ持ってきてくれたりコーヒー持ってきてくれたり。食べ物の話ばかりになるけど（笑）。

――じゃあ、楽しみに待ってたんだ、げんちゃんが来るの。

横山　はい。げんちゃん来る朝、いちばん楽しみで。

▶▶インタビュー（向谷地生良さん）

　長いあいだ統合失調症を抱えて入院をしていた中山玄一さんっていう同じ仲間が退院にこぎつけて、そして今度は自分のところにピアサポーターとして退院支援で毎日朝、来てくれる。これは彼はおそらく驚いたと思うんですね。びっくりしたと思うんですね。でも、彼はそれがいちばんうれしかったと。

T　横山さんが退院を決心した日　それを見届けるように

T　心不全で　この世を去った　39歳だった

　中山玄一さんが、朝6時過ぎには病棟に行って、横山さんに声かけて、缶コーヒーを買って、彼とコミュニケーションをとってっていう。理屈抜きの、外の風っていうものを仲間が直接運んできてくれる。その仲間から伝わってくる地域の風っていうのは、そんなに怖いもんじゃない、意外に楽しくやっているような感じだな、というものを彼は理屈抜きで体で実感しはじめたんだと思いますね。

●横山さんの外泊練習

T　おざき荘には外泊を練習する　専用の部屋がある

——今日は外泊していくんですか？

横山　はい、外泊です。

——久しぶりでしょ、外泊？

横山　はい。あれ何日前だったっけ？坂井さん。3日前？　先週の……。

坂井　先週。水木。

横山　あ〜、先週の水曜日ね、1週間に1回なんですよね。

——1週間に1回、今外泊練習してる。

横山　はい、外泊練習中なんです。

——ここに住めば、お食事はゆり子さんがつくってくれるし、心配ないね。坂井さんもいるし。

横山　はい。日中の時間をどうやって過ごすかなと思って。あと3回、先生には3回外泊したら退院するからって言って、あと1回外泊したら退院するかな、と思ってるんですけどね。

——いいねぇ。あったかくなるしこれから。

横山　はい。

高田　横山さん、あとは寂しさ対策だね。

横山　はい。

高田　明日坂井さんと一緒にさ、デイケアに来る練習したらいい。

T　外泊の練習と一緒にデイケアに通う練習もしている

横山　うん、デイケア行く。

高田　デイケアに来て、来る癖つけてみて。明日デイケアでお金渡しますか？

横山　はい、デイケアのほうがいいね。

高田　じゃ、デイケアでお金渡します、ね。

横山　病気になったらしょうがないけど、病気がない限り長くいたいと思うから。

高田　ここにずっといれますよ。あとは……

横山　あとは移らない。

高田　移らないでね、うん。昼間、昼間

読むDVD　紙上完全再録

(の過ごし方)だね。

▶▶インタビュー（川村敏明さん）

　特に精神科ってのは、本人たちはそういう判断ができないから、あれできないこれできない、「だって精神病があるんだもん」とついついやってしまう。その人たちの判断が正しいというふうに思えないから、いわゆる専門家が代わりに判断するっていうかたちで決めてしまうことが、あまりにも多かったんですよ。

T　専門家が先回りして　判断してはいけない

　もちろん委ねすぎてもいけない。だから、むしろ双方向での情報交換を大事にしながら、似合ってることを探していくというやり方が大事なんじゃないかなという気がするけどね。

●25周年の食事会

T　2008年3月29日
N　べてるの家の活動25周年を記念して、食事会が開かれました。再入院中の横山さんも参加しています。13年前につくられたビデオ「ベリー　オーディナリー　ピープル」も上映されました。
ビデオのなかの川村医師　治せない、治さない精神科医師を目指して……。
T　当時から　治せない治さない医師を目指していた川村先生
川村　譲さん、譲さんがいるわ！
向谷地　当時のですね、30年前の主要メンバーです。
T　どんぐり会は30年前にできた浦河の回復者の会
向谷地　この人は誰でしょう？
一同　岡本さん！
向谷地　岡本勝さんです。この人は？
一同　佐々木さん！
向谷地　この人は？
一同　綿貫さん
向谷地　この人は？
川村　氷川きよし！（笑）
向谷地　この人が横山さんね。
向谷地　横山さん、このときの思い出をどうぞ。
横山　幌別だと思います。
川村　幌別？
横山　はい、幌別の河原で、キャンプかなんかやったと思います。
向谷地　この人は誰でしょう？
メンバー　向谷地さん！
向谷地　ははは……。
T　30年前の横山譲さんと向谷地生良さん
向谷地　私です。……横山さんが今帰るそうですから、ちょっと横山さんに一言。横山さんよろしく！　横山さんの37年ぶりの退院を祝って、皆さん拍手で。
(拍手)
横山　向谷地さんに代わって御破算で願いましては……三人残りですが、横山譲と申します。どうかよろしくお願い致します。
向谷地　横山さん、なんか一言。
横山　もういいです。
向谷地　歌、うたってもいいですよ。
横山　いや、さよならの挨拶したから。
向谷地　じゃあ、おやすみなさい。
髙田　次の退院いつですか？
横山　あっ、桜の季節。

高田　桜の季節？
T　桜の季節
　　横山さんは　お花見はしたけれど
　　退院は見送った

T　監修
　　川村敏明　向谷地生良
T　撮影
　　森田惠子　番園寛也
T　ナレーション
　　野仲文絵
T　構成・編集
　　森田惠子
T　撮影協力
　　浦河赤十字病院
　　浦河べてるの家の皆さん
　　北海道浦河保健所
　　浦河町社会福祉協議会
　　株式会社 MC MEDIAN
T　企画・制作・著作
　　株式会社医学書院

あとがきにかえて
向谷地生良氏に聞く

――横山さんが入院したのは1970年、万博の年なんですね。

そうです。20代後半くらいかな。

――37年ぶりの退院ですから、さすがにうまくいかなかった。

3か月経ってから「もう一度病院に戻りたい」って再入院してきたわけですが、彼はその理由を「寂しさ」と言っていました。

どんな寂しさの苦労がありましたかってあとで聞くと、ぽつりと「昔の彼女を思い出したのさ」って言ってくれたんですね。「えっ、昔彼女がいたんですか！？」って聞くと、入院する前2年半ぐらいつきあってた彼女がいたって。○○子って名前も言ってましたけど。その2年半つきあって別れた彼女のことを初めて思い出したら、急に寂しくなってしまって、もうつらくなってつらくなって、自分は死んじゃうんじゃないかと思って病院にSOSの電話をかけたということなんです。

でも横山さんにとってはつらい記憶かもしれないですけど、昔の生活の一コマ一コマを思い出し、それをみんなと共有しながら生活という現実に降りて行くんだなということをあらためて実感させら

れました。それは 37 年の入院生活ではけっして語られない、妄想の壁の中で封印されてきた青春の一コマなんです。それだけでも今回の退院はとっても収穫があったと思っています。

これを突破口にして、おざき荘で何回か退院の練習をしたり、昔からの仲間がいるべてるの家の食事会やミーティングに参加して、昔の彼女のことを思い出したってこともネタにしながら……。

——え、彼女との話を「ネタ」にしちゃうわけですか?

そうですよ(笑)。それをきっかけに昔のいろんな思い出を掘り起こして、彼とあらためて生活をつくり出していく。生活感の取り戻しをお手伝いしていくわけです。

彼は一言「寂しさ」って言ってますけど、その「寂しさ」というのは、体の中に伝わってくるものすごい脅威であり圧迫であり、自分の身が壊されるような切迫した感覚だろうと思うんです。最近べてるでは「誤作動を起こす」って言うんですが、現実の人のつながり、豊かなつながりのなかにいても、統合失調症を抱えた人たちの体は「おまえはひとりぼっちだよ」ってサインを送ってくる。この身体の誤作動にどうしても影響されてしまうということがよくあります。横山さんも、もしかしたら誤作動が起きてるかもしれません。

でも誤作動をきっかけに、また仲間とつながっていけるような気がしますね。退院が近づいてくることによって「また同じような寂しさがこみ上げてきたらどうしよう」って不安が出てくるでしょう。でも「横山さんそれはとってもいい寂しさなんだよ、それをなくさないようにしようね」というメッセージとともに、町で暮らしてる仲間たちがそういう寂しさをどう大事にしてるのかってことを横山さんと分かち合えればいい。そのなかで横山さんは、自分の寂しさの意義をもう一度とらえなおしていく機会が出てくるんじゃないかと。

向谷地生良氏に聞く

──川村先生もインタビューで、病院のなかでただ隣に人がいるというだけではなく、その人ときちんとコンタクトがとれるような関係をつくれるかどうかが大切だとおっしゃっていました。

　特に横山さんのような人たちは言語的に自分を表現したり、語っていったりというような力強さはなかなか持ちにくいんですけど、一緒にラーメン食べたりカラオケしたりするなかで、人とつながっている実感が身体から伝わってくるんだと思います。
　彼が病院にずっとこだわっていたのは、まさに病院には「1人じゃない」という体の実感を充足させる何かがあるからですよね。それを地域でどうつくっていけるか、ということですね、結局は。
　だけど決して横山さんは諦めてないんです。結果的に桜の咲くころに退院したいというのはまだ実現していませんが、彼はいまだに諦めてないということを私は実感しています。突然昔の彼女のことを思い出したということも含めて、彼自身の中にわき上がってくるいろいろな圧迫、つらさなどをこれからもっと彼が語り、そして沼尾さんが挑戦したように、仲間たちと横山さんの「苦労の研究」をしてみる。そんなつながりのなかで、ようやく泳ぎ出したという感じがしてますね。

──横山さんのような長期入院の人の退院を支援するポイントって何でしょうか？

　慢性的に妄想の世界に浸りきって、こちらのさまざまなアプローチに対して接点をもちにくい患者さんというのは実際いるわけです。現在の退院支援や地域移行のいちばんのテーマはその人たちだと思います。
　川村先生から爪をはげと言われた幻聴によって自傷行為をしていた話はビデオでしましたが、あの温厚な横山さんが、そのあとにも興奮してガラスを割ってしまうというエピソードがありました。そのときもちょっと部屋へ行って「またいろんな声だとかに圧迫され

てガラスを割らざるを得ないっていう爆発になったんでしょうけど、横山さん、大変でしたね」って言ったら、そのときに横山さんは初めて「向谷地さん、俺も退院したいじゃぁ！」って。

　かれらは心の中では、退院しようかなとか、いろんなことを考えているんですね。私たちからは本当にほとんど平板な無為な世界にしか見えないですけど、そのなかではものすごい葛藤やジレンマ、いろんな過去と未来が渦巻いていて、そこで苦しんでいるんだなってことがとてもわかった。

　ガラスを割ったりとか爪をはいだりっていう出来事こそがまさにチャンスで、そこから一緒に立ち上がっていくきっかけづくりをするのは私たちの責任だと思うんです。そこを見逃さないという視力を、日ごろからちゃんと衰えないようにしておかないといけない。特に長期入院になってる人は私たちの視界から消えてしまいます。だから「ちゃんと覚えられてる」という感覚は大事だと思いますね。

——このビデオで強調されているもうひとつは当事者の力、ピアサポートですね。

　退院支援というと、きちっとしたエビデンスにもとづいた体系的なプログラムを構築し、それをこなしていくことで長期入院の患者さんたちが地域に帰っていける……というように思いがちなんですけど、浦河で130床が60床になったのは自立支援法が始まる前ですから。

　不十分ながらそれができているのは、当事者自身が1人の地域住民として長期入院の仲間をともに受け入れていく力があるからですね。これは農業にたとえると黒土みたいなもので、多様な微生物が土の中に有機的に介在しておいしい作物を育て上げる、それに似た力なんです。

　いわゆる上から下りてくる退院支援というのはお金もかけて、人も投入してっていう意味では日本的な公共事業に似てるところがあ

向谷地生良氏に聞く　　115

りますね。もっとシンプルな形でできることだと思ってるんですよ。
　まあ、「そんなにかけなくても作物は育つよ」と言いたいですね。そして「そっちのが楽だよ」って。

べてるの家×認知行動療法＝話題騒然！

認知行動療法、べてる式。

DVD+BOOK

伊藤絵美　洗足ストレスコーピング・サポートオフィス所長
向谷地生良　浦河べてるの家／北海道医療大学教授

すべらないSST、盛り上がるCBT
Social Skills Training ／ Cognitive Behavior Therapy

心の中を見つめない。原因を探さない。にもかかわらず笑う。
べてるの家のそんな活動に、認知行動療法家は目を奪われた！世界のスタンダードである認知行動療法と＜べてる＞の意外で幸福なコラボレーション。「世界最先端の実践」「新時代到来を告げる快著」「元気が出る認知行動療法」と話題騒然のDVDブック。「自助の援助」を目指す、すべての援助職に！

●DVD+四六変型　95分+頁240　2007年　価格5,250円(本体5,000円+税5%)
[ISBN978-4-260-00527-2]　消費税率変更の場合、上記定価は税率の差額分変更になります。

医学書院　〒113-8719 東京都文京区本郷1-28-23　[販売部]TEL：03-3817-5657　FAX：03-3815-7804
E-mail：sd@igaku-shoin.co.jp　http://www.igaku-shoin.co.jp　振替：00170-9-96693

シリーズ ケアをひらく ❶

下記定価には本体価格に税5％が加算されています。
消費税率変更の場合は、税率差額分変更になります。

ケア学：越境するケアへ●広井良典●2415円●ケアの多様性を一望する────どの学問分野の窓から見ても、〈ケア〉の姿はいつもそのフレームをはみ出している。医学・看護学・社会福祉学・哲学・宗教学・経済・制度等々のタテワリ性をとことん排して〝越境〟しよう。その跳躍力なしにケアの豊かさはとらえられない。刺激に満ちた論考は、時代を境界線引きからクロスオーバーへと導く。

気持ちのいい看護●宮子あずさ●2205円●患者さんが気持ちいいと、看護師も気持ちいい、か？──「これまであえて避けてきた部分に踏み込んで、看護について言語化したい」という著者の意欲作。〈看護を語る〉ブームへの違和感を語り、看護師はなぜ尊大に見えるのかを考察し、専門性志向の底の浅さに思いをめぐらす。夜勤明けの頭で考えた「アケのケア論」！

感情と看護：人とのかかわりを職業とすることの意味●武井麻子●2520円●看護師はなぜ疲れるのか────「巻き込まれずに共感せよ」「怒ってはいけない！」「うんざりするな‼」。看護はなにより感情労働だ。どう感じるべきかが強制され、やがて自分の気持ちさえ見えなくなってくる。隠され、貶められ、ないものとされてきた〈感情〉をキーワードに、「看護とは何か」を縦横に論じた記念碑的論考。

あなたの知らない「家族」：遺された者の口からこぼれ落ちる13の物語●柳原清子●2100円●それはケアだろうか────幼子を亡くした親、夫を亡くした妻、母親を亡くした少女たちは、佇む看護師の前で、やがて「その人」のことを語りはじめる。ためらいがちな口と、傾けられた耳によって紡ぎだされた物語は、語る人を語り、聴く人を語り、誰も知らない家族を語る。

病んだ家族、散乱した室内：援助者にとっての不全感と困惑について●春日武彦●2310円●善意だけでは通用しない────一筋縄ではいかない家族の前で、われわれ援助者は何を頼りに仕事をすればいいのか。罪悪感や無力感にとらわれないためには、どんな「覚悟とテクニック」が必要なのか。空疎な建前論や偽善めいた原則論の一切を排し、「ああ、そうだったのか」と腑に落ちる発想に満ちた話題の書。

べてるの家の「非」援助論：そのままでいいと思えるための25章●浦河べてるの家●2100円●それで順調！――「幻覚＆妄想大会」「偏見・差別歓迎集会」という珍妙なイベント。「諦めが肝心」「安心してサボれる会社づくり」という脱力系キャッチフレーズ群。それでいて年商1億円、年間見学者2000人。医療福祉領域を超えて圧倒的な注目を浴びる〈べてるの家〉の、右肩下がりの援助論！

物語としてのケア：ナラティヴ・アプローチの世界へ●野口裕二●2310円●「ナラティヴ」の時代へ――「語り」「物語」を意味するナラティヴ。人文科学領域で衝撃を与えつづけているこの言葉は、ついに臨床の風景さえ一変させた。「精神論 vs. 技術論」「主観主義 vs. 客観主義」「ケア vs. キュア」という二項対立の呪縛を超えて、臨床の物語論的転回はどこまで行くのか。

見えないものと見えるもの：社交とアシストの障害学●石川准●2100円●だから障害学はおもしろい――自由と配慮がなければ生きられない。社交とアシストがなければつながらない。社会学者にしてプログラマ、全知にして全盲、強気にして気弱、感情的な合理主義者……"いつも二つある"著者が冷静と情熱のあいだで書き下ろした、つながるための障害学。

死と身体：コミュニケーションの磁場●内田樹●2100円●人間は、死んだ者とも語り合うことができる――〈ことば〉の通じない世界にある「死」と「身体」こそが、人をコミュニケーションへと駆り立てる。なんという腑に落ちる逆説！「誰もが感じていて、誰も言わなかったことを、誰にでもわかるように語る」著者の、教科書には絶対に出ていないコミュニケーション論。読んだ後、猫にもあいさつしたくなります。

ALS 不動の身体と息する機械●立岩真也●2940円●それでも生きたほうがよい、となぜ言えるのか――ALS当事者の語りを渉猟し、「生きろと言えない生命倫理」の浅薄さを徹底的に暴き出す。人工呼吸器と人がいれば生きることができることを言う本。「質のわるい生」に代わるべきは「質のよい生」であって「美しい死」ではない、という当たり前のことに気づく本。

べてるの家の「当事者研究」●浦河べてるの家●2100円●研究?ワクワクするなあ———べてるの家で「研究」がはじまった。心の中を見つめたり、反省したり……なんてやつじゃない。どうにもならない自分を、他人事のように考えてみる。仲間と一緒に笑いながら眺めてみる。やればやるほど元気になってくる、不思議な研究。合い言葉は「自分自身で、共に」。そして「無反省でいこう!」

ケアってなんだろう●小澤勲●2100円●「技術としてのやさしさ」を探る七人との対話———「ケアの境界」にいる専門家、作家、若手研究者らが、精神科医・小澤勲氏に「ケアってなんだ?」と迫り聴く。「ほんのいっときでも憩える椅子を差し出す」のがケアだと言い切れる人の《強さとやさしさ》はどこから来るのか———。感情労働が知的労働に変換されるスリリングな一瞬!

こんなとき私はどうしてきたか●中井久夫●2100円●「希望を失わない」とはどういうことか———はじめて患者さんと出会ったとき、暴力をふるわれそうになったとき、退院が近づいてきたとき、私はどんな言葉をかけ、どう振る舞ってきたか。当代きっての臨床家であり達意の文章家として知られる著者渾身の一冊。ここまで具体的で美しいアドバイスが、かつてあっただろうか。

発達障害当事者研究:ゆっくりていねいにつながりたい●綾屋紗月+熊谷晋一郎●2100円●あふれる刺激、ほどける私———なぜ空腹がわからないのか、なぜ看板が話しかけてくるのか、なぜ月夜の晩は身体がざわめくのか。外部からは「感覚過敏」「こだわりが強い」としか見えない発達障害の世界を、アスペルガー症候群当事者が、脳性まひの共著者と探る。「過剰」の苦しみは心ではなく身体に来ることを発見した画期的研究!

ニーズ中心の福祉社会へ:当事者主権の次世代福祉戦略●上野千鶴子+中西正司●2310円●社会改革のためのデザイン! ビジョン!! アクション!!!———「こうあってほしい」という構想力をもったとき、人はニーズを知り、当事者になる。「当事者ニーズ」こそが次世代福祉のキーワードだと考える研究者とアクティビストたちが、「ニーズ中心の福祉社会」への具体的シナリオを提示する。時代は次の一歩へ。

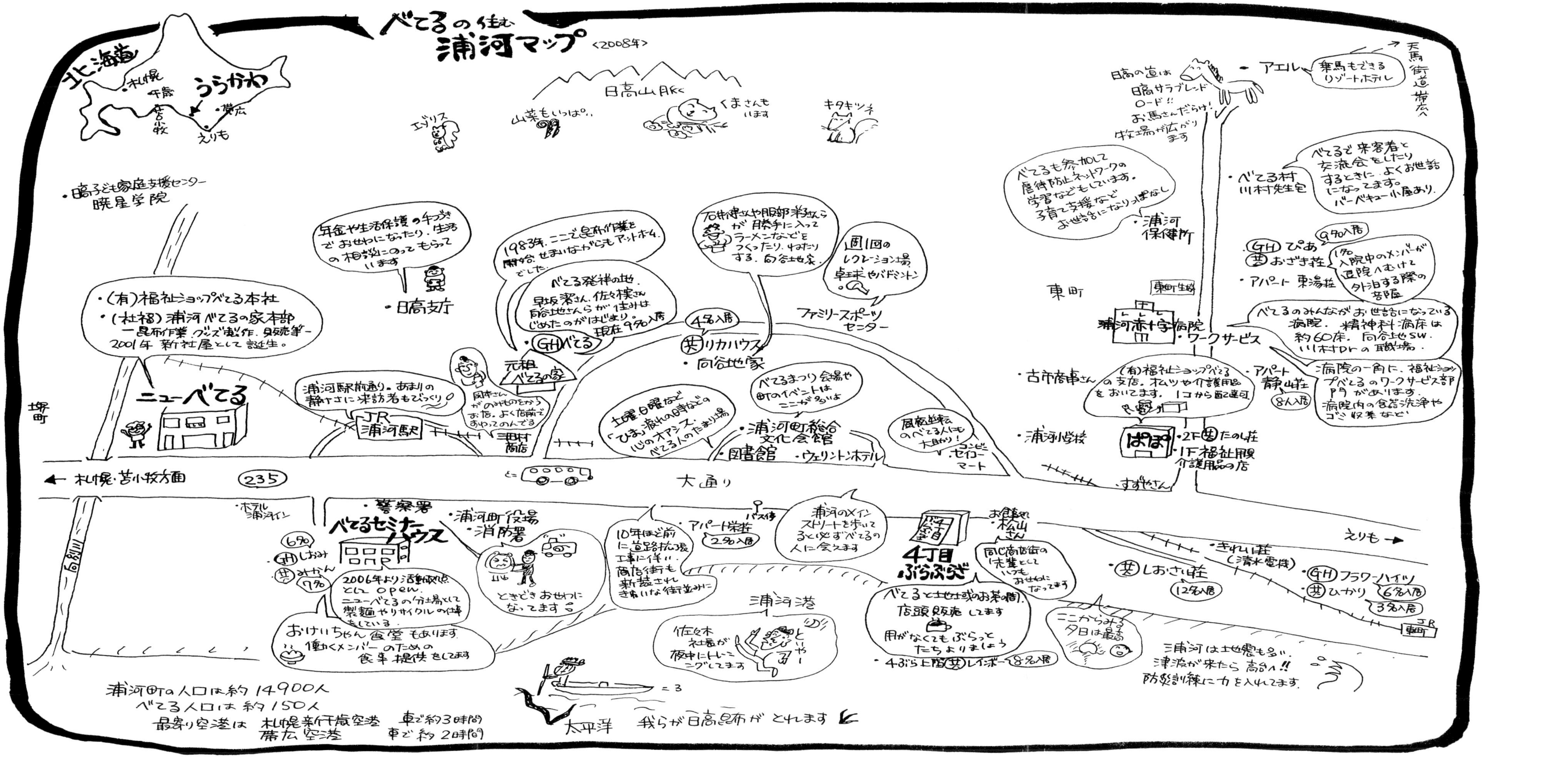

べてるの住む
浦河マップ
〈2008年〉
北海道
札幌
千歳
苫小牧
うらかわ
帯広
えりも
日高山脈
エゾリス
山菜もいっぱい
くまさんもいます
キタキツネ
日高の道は日高サラブレッドロード!! お馬さんだらけ! 牧場が広がります
アエル
乗馬もできるリゾートホテル
天馬街道 帯広へ
晴子ども家庭支援センター 暁星学院
年金や生活保護の手つづきでおせわになったり、生活の相談にのってもらっています
日高支庁
1983年、ここで昆布作業を開始。せまいながらもアットホームでした
べてる発祥の地。早坂潔さん、佐々木実さん、向谷地さんらが住みはじめたのがはじまり。現在9名入居
GH べてる
元祖べてるの家
石井健さんや服部洋さんらが勝手に入ってラーメンなどをつくったり、すねたりする、向谷地家
4名入居
共 リカハウス
向谷地家
週1回のレクリエーション場 卓球やバドミントン
ファミリースポーツセンター
べてるも参加して虐待防止ネットワークの学習などもしています。子育て支援などお世話になりっぱなし
浦河保健所
べてるで来客者と交流会をしたりするときに よくお世話になってます。バーベキュー小屋あり。
べてる村 川村先生宅
GH ぴあ 9名入居
共 おざき荘
1名 入院中のメンバーが退院へむけて外泊する際の部屋
アパート 東湯荘
東町
東町生協
浦河赤十字病院
ワークサービス
べてるのみんながお世話になっている病院。精神科病床は約60床。向谷地SW、川村Drの職場。
・(有)福祉ショップべてる本社
・(社福)浦河べてるの家本部 ―昆布作業、グッズ製作、販売等― 2001年 新社屋として誕生。
ニューべてる
堺町
浦河駅前通り。あまりの静けさに来訪者もびっくり
JR浦河駅
岡本さんがのみものをかうお店。よく店前でおやつのんでる
三田村商店
土曜日曜など「ひま」疲れの時などの心のオアシス。べてる人のたまり場
べてるまつり会場や町のイベントはここが多いよ
浦河町総合文化会館
図書館
ウェリントンホテル
風薫る街のべてる人にも大助かり!
コンビニ セイコーマート
古市商事さん
(有)福祉ショップべてるの支店。オムツや介護用品をおいてます。1コから配達可
ぱぽ
2F 共 たのし荘
1F 福祉用具 介護用品の店
アパート 静山荘 8人入居
病院の一角に、福祉ショップべてるのワークサービス部門があります。病院内の食器洗浄やゴミ収集など
浦河小学校
すずらんさん
← 札幌・苫小牧方面
235
大通り
ホテル浦河イン
警察署
浦河町役場
消防署
べてるセミナーハウス
6名 GH しおみ
共 みかん 7名
2006年より活動拠点としてopen。ニューべてるの分場として製麺やリサイクルの仕事をしている
おけいちゃん食堂もあります。働くメンバーのための食事提供をしてます
ときどきおせわになってます
10年ほど前に道路拡張工事に伴い、商店街も新装されきれいな街並みに
アパート 栄荘 2名入居
バス停
浦河のメインストリートを歩いてると必ずべてるの人に会えます
4丁目ぶらぶらざ
お餅処 松山さん
同じ商店街の先輩としていつもおせわになってます
えりも →
きれい荘(清水電機)
共 しおさい荘 12名入居
GH フラワーハイツ 6名入居
共 ひかり 3名入居
JR 東町
浦河港
佐々木社長が夜中にトレーニングしてます
とりゃー
べてると地域のお茶の間。店頭販売してます 用がなくてもぶらっとたちよりましょう
4ぷら上階 共 レインボー 8名入居
ここからみる夕日は最高
浦河は地震も多い。津波が来たら高台へ!! 防災訓練に力を入れてます。
国道336
浦河町の人口は約14900人
べてる人口は約150人
最寄り空港は 札幌新千歳空港 車で約3時間
帯広空港 車で約2時間
太平洋
我らが日高昆布がとれます